ALLES JERSEY

soft & cosy

ki-ba-doo

ALLES JERSEY

soft & cosy

JOGGINGHOSEN, SWEATSHIRTS & CO. NÄHEN

EMF

EIN BUCH DER
EDITION MICHAEL FISCHER

Inhalt

Oversize-Shirt, S. 51

Legeres V-Shirt, S. 93

Kurzer Jumpsuit, S. 97

Jogging-Pants, S. 55

Sweat-Kleid, S. 81

Vorwort

Das Nähen begleitet mich schon von Geburt an. Eine liebe Freundin und damalige Kollegin sagte immer zu mir: Du hast Nähmaschinen-Öl im Blut!

Ganz Unrecht hat sie mit der Aussage nicht, schließlich bin ich zwischen Nähmaschinen, Stoffballen, Garnrollen und Zuschneidetischen aufgewachsen. Schon als kleines Mädchen durfte ich an die Industrie-Nähmaschinen meiner Eltern und meine kleinen Kunstwerke in die Tat umsetzen. Frei nach dem Motto: Probiere es aus! Das tat ich nur zu gerne. Dabei entstanden schon damals ganz tolle Sachen, über die meine Eltern staunten.

Dennoch entschied ich mich, beruflich vorerst den kaufmännischen Weg einzuschlagen. Erst mit der Geburt meiner Tochter wagte ich wieder den Schritt an die Nähmaschine. Mein Ehrgeiz war schnell geweckt, die komplette Kleidung und Ausstattung des Kinderwagens selbst zu nähen. Von da an ratterte meine Nähmaschine täglich! Ich tüftelte eigene Schnitte aus, die ich gerne auf meinem Blog www.frau-liebstes.de zeigte. Da so viele nach meinen Vorlagen nähen wollten, entwickelte ich mein erstes Schnittmuster für alle in Form eines Ebooks. Schnell war klar, es müssen auch Kinderschnitte folgen. Dafür holte ich mir dann professionelle Unterstützung ins Boot.

Mein Schnittbüro setzt für mich meine Ideen um. Das ist nicht immer einfach! Bis ein Schnitt wirklich so sitzt, wie ich mir das vorstelle, können es schon mal gerne bis zu fünf Varianten sein. Die Passform soll stimmen, darauf lege ich sehr viel wert. Klar kann man nicht alle Figurtypen mit einem einzigen Schnitt abdecken, aber das ist ja dann das Tolle am Selbernähen: Man kann das Kleidungsstück individuell an den eigenen Körperbau anpassen.

In diesem Buch lade ich dich ein, kuschelige Homewear für dich zu nähen. Das Buch beinhaltet viele tolle Schnittmuster in den Größen 32 bis 46 und Projekte, die nicht nur auf der Couch eine gute Figur machen, sondern sich auch wunderbar in deinen Alltag integrieren lassen. So kannst du mit ein paar Handgriffen aus dem Onsie für zu Hause ein cooles Strand-Basic zaubern – oder du kürzt das Sweatkleid zu einem Hoodie.

Ich freue mich auf chillige Outfits von dir!

Liebste Grüße

Claudia

Grundlagen

Was du zum Nähen brauchst

JERSEY-STOFFKUNDE

Jersey ist das Lieblingsmaterial für T-Shirts, legere Blusen und Co. Aber was verbirgt sich eigentlich hinter dem besonderen Stöffchen?

Jersey gehört – im Gegensatz zur Webware, bei der Kett- und Schussfäden miteinander verwebt werden – zu den sogenannten Maschenwaren. Die Fäden werden miteinander verschlungen, die Herstellungsart ist also vergleichbar mit dem Stricken. Jersey zeichnet sich durch seine Dehnbarkeit und Anschmiegsamkeit aus, der weiche Stoff fühlt sich auf der Haut angenehm an und macht jede Bewegung mit. Dabei ist Jersey aber nicht gleich Jersey – es gibt viele verschiedene Arten, die sich in der Strickart bzw. im Material und in den jeweils daraus folgenden Eigenschaften deutlich unterscheiden.

Single-Jersey (auch Trikotstoff) – ist ein einseitig gestrickter Stoff. Auf der Vorderseite hat er rechte Maschen, auf der Rückseite linke Maschen. Single-Jersey ist sehr weich und trägt sich angenehm leicht auf der Haut, zudem ist er dehnbar. Bei der Verarbeitung muss man allerdings darauf achten, dass sich keine Laufmaschen bilden und auch die Ränder sich nicht einrollen.

Interlock(-Jersey) ist ein zweiseitig gestrickter Stoff. An der Vorderseite wird nur jede zweite Masche gestrickt, an der Rückseite dann die „fehlenden" zweiten Maschen (= Kreuzbindung). Dadurch entsteht doppelflächiger Stoff, der auf beiden Seiten nur rechte Maschen zeigt. Interlock besteht in der Regel aus reiner Baumwolle. Da er doppelt gestrickt wird, ist er sehr strapazierfähig. Zudem rollt er sich an den Seiten nicht ein. Durch die Kreuzbindung ist der Interlock zwar dehnbar, jedoch nicht elastisch.

Viskose-Jersey hat einen leichten Glanz und wirkt hochwertiger als Baumwolljersey. Er kann in jeder Strickart (Single-, Double-, Interlock-, Jacquard-, Cloqué- oder Rippenjersey) hergestellt werden, meist wird er jedoch als Single-Jersey aus beispielsweise 95% Viskose und 4% Elasthan angeboten. Viskosejersey ist schmiegsam und fällt gut, weshalb er sich besonders gut eignet für leichte Sommerbekleidung.

Jacquard-Jersey ist ein meist zweiseitig gestrickter Stoff mit Mustern. Diese sind auf der Rückseite in den gegengleichen Farben zur Vorderseite sichtbar. Gelegentlich werden zusätzlich Muster aufgedruckt. Für Shirts eignen sich leichte Jacquard-Jerseys mit Elasthananteil, wohingegen festerer Jacquard für weite Pullover oder Jacken perfekt ist. Die Firma Albstoffe hat sich auf diese Stricktechnik und die Produktion in Deutschland spezialisiert.

Stepp-Jersey besteht aus drei Lagen: Jersey, Füllmaterial und eine zweite Lage Jersey. Verbunden werden diese Lagen dann durch ein gesteppptes Wabenmuster oder ein anderes Muster. Der Stoff eignet sich gut für Decken, Jacken oder Sweatshirts.

Sweatshirt-Stoff ist wie der Single-Jersey ein einseitig gestrickter Stoff. Auf der Rückseite wird ein spezieller, weicher Futterfaden mitgeführt, der im späteren Verarbeitungsschritt angeraut wird, wodurch der Stoff eine kuschelige Seite erhält.

Sommer-Sweat (auch „French terry" oder „Winterjersey") – bei diesem ist die Rückseite nicht angeraut.

Rippen-Jersey, auch Bündchenware oder Rib-Jersey genannt, ist ein gestrickter Stoff, bei dem sich rechte und linke Maschen abwechseln. Dadurch hat dieser auch ohne Elasthananteil leichte Rücksprungeigenschaften, leiert jedoch relativ schnell aus – Bündchenware mit Elasthananteil (ca. 5%) ist formstabiler.

Strukturstrick hat rechte und linke Maschen, die ein meist plastisches Muster bilden. Der Stoff ist sehr elastisch und so vielseitig einsetzbar.

Zottelstoff ist ein wenig elastisches Material, das gewirkt oder gewebt sein kann. Durch die glatte Rückseite ist er relativ leicht zu verarbeiten. Er ist bestens geeignet für Jacken, Westen und Wohn-Accessoires.

Single-Jersey

Interlock(-Jersey)

Viskose-Jersey

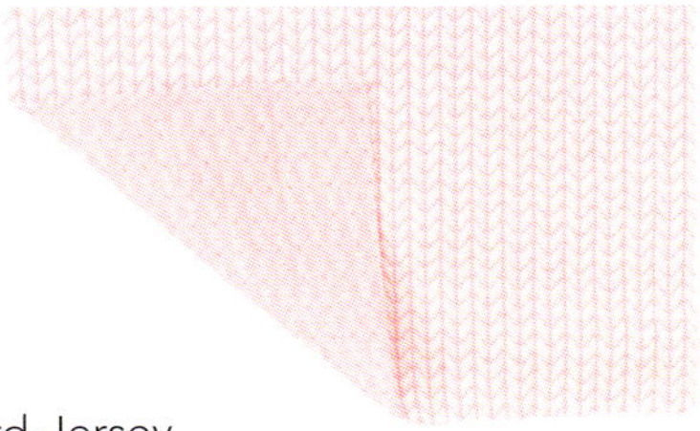

Jacquard-Jersey

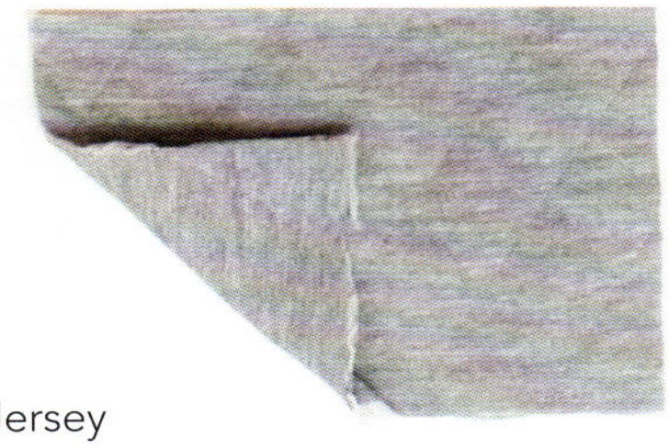

Stepp-Jersey

Sweatshirt-Stoff

Sommer-Sweat

Rippen-Jersey

Strukturstrick

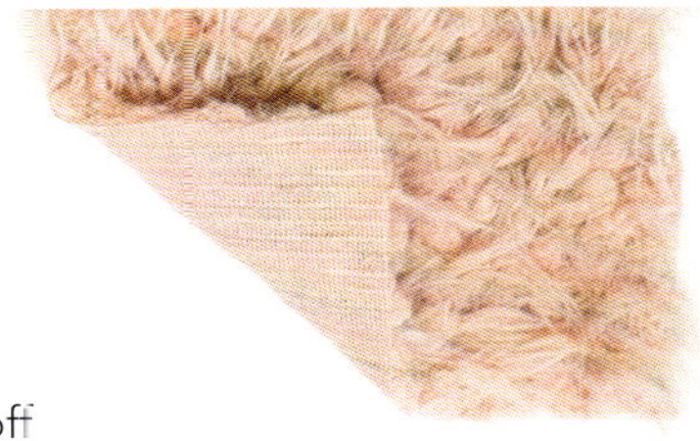

Zottelstoff

EINLAGEN UND KURZWAREN

Insbesondere dünne Jerseystoffe müssen an heiklen Stellen mit Einlage verstärkt werden, um sie so vor Ausleiern oder Ausreißen zu schützen. Auch bei der Auswahl der Kurzwaren sollte man darauf achten, ob sie für Jersey geeignet sind.

EINLAGEN

Einlagen verstärken den Stoff und verhindern, dass dieser sich ungewollt ausdehnt oder verzieht. Bei Oberteilen und Shirts werden Einlagen vor allem bei der Verarbeitung von Kragenteilen, Knopfleisten, Belegen oder Ausschnittkanten verwendet. Einlagen bestehen aus Vlies oder Gewebe und haben meist eine Klebeseite, mit der sie durch Aufbügeln auf der linken Stoffseite fixiert werden. Die Einlage an den Rändern verhindert das Einrollen des Stoffs. Für die Projekte in diesem Buch wurden Einlagen der Marke Vlieseline verwendet; wenn du eine andere Marke vorziehst, achte darauf, dass die Einlage in Stärke und Elastizität dem beim Projekt angegebenen Produkt entspricht.

EMPFEHLUNGEN FÜR JERSEYSTOFFE:

Vliesofix ist ein beidseitig haftendes Klebevlies, das beim Applizieren sehr praktisch ist.

G 785 ist eine bi-elastische, d. h. in Längs- und Querrichtung elastische Einlage für feine, fließende Jerseystoffe aus Viskose oder leichte Baumwolljerseys.

H 609 ist eine bi-elastische Wirk-Einlage mit weichem Griff, auch für schwerere Jerseystoffe.

G 770 ist eine bi-elastische Gewebe-Einlage für schwerere Jerseystoffe.

G 710 und G 700 sind leichte, nicht dehnbare Einlagen, die zur Verstärkung von Schnittteilen, die nicht dehnbar sein müssen (z. B. weite Ausschnitte), verwendet werden können.

Framilonband (auch „Framilastic") ist ein dehnbares Band für elastische Bünde oder Raffungen. In die Schulternähte eines Shirts eingearbeitet, verhindert es, dass diese ausleiern.

KURZWAREN

Um deinen selbst genähten Kleidungsstücken den letzten Schliff zu verpassen, kannst du unterschiedliche Kurzwaren einsetzen. Paspeln und andere Bänder, Gummilitzen, Schrägband oder Spitze lassen sich zu wirkungsvollen Details an Tascheneingriffen oder zu Bündchen verarbeiten. Achte aber darauf, für Jersey nur elastische Bänder zu verwenden, denn auch die Verzierungen müssen sich mitdehnen, wenn der Stoff beim Tragen sowie An- und Ausziehen gedehnt wird.

Bevor du Knöpfe an deinen Kleidungsstücken anbringst, solltest du den Jersey an den entsprechenden Stellen auf der Rückseite mit Einlage verstärken. Dann lassen sich auch Knopflöcher nähen, ohne dass der Stoff sich verzieht.

Noch leichter zu handhaben sind spezielle Jersey-Druckknöpfe, die mit einem dazugehörigen Werkzeug oder einer Zange befestigt werden.

TIPPS ZUR PFLEGE

Damit deine selbst genähten Shirts, Tops und Hosen dir lange Freude machen, zahlt es sich aus, auf gute Pflege der Kleidungsstücke zu achten.

Vergiss nicht, deine Jerseystoffe auch vor dem Verarbeiten schon einmal zu waschen, da Jersey oft geringfügig einläuft.

Die meisten Jersey-Stoffe sind recht pflegeleicht und können in der Waschmaschine bei 30 ° oder 40 ° gewaschen werden. Wird zu heiß gewaschen, v. a. bei hohem Elasthananteil, können die synthetischen Fasern im Stoff zerstört werden und der Jersey verliert an Elastizität.

Feinwaschmittel, Wollwaschmittel bzw. Color-Waschmittel können die Leuchtkraft von farbigen Stoffen erhalten. Oft wird eine Feinwäsche bzw. ein Schonwaschgang empfohlen. Auch das Waschen auf links ist besonders schonend. Außerdem solltest du deine Nähwerke mit Kleidungsstücken aus ähnlichen Stoffen und in ähnlichen Farben gemeinsam waschen.

Achte bitte immer auf spezielle Pflegehinweise des Herstellers – oft findest du an der Webkante des Stoffs Hinweise zum Waschen und Pflegen aufgedruckt.

Das Trocknen im Trockner ist meist nicht empfehlenswert, weil die Stoffe zusätzlich einlaufen können. Beim Lufttrocknen dagegen kann nichts schief gehen. Besonders große, schwere Kleidungsstücke solltest du nicht hängend, sondern im Liegen trocknen, damit sich nichts verzieht.

Shirts, Pullis und alle anderen aus Jersey genähten Kleidungsstücke sind problemlos zu bügeln, solange das Eisen nicht zu heiß eingestellt ist.

Wenn Plotts angebracht werden, den Stoff am besten OHNE Weichspüler vorwaschen. Ist der Plott erst einmal auf dem neuen Lieblingsjerseyteil angebracht, sollte dieses zudem auf links gewaschen werden. Nach jeder Wäsche die Motive gut nachbügeln. Dazu entweder von links bügeln oder ein Stück Backpapier zwischen den Plott und das Bügeleisen legen.

NÄHZUBEHÖR

Neben der Nähmaschine gibt es eine kleine, aber feine Grundausstattung, die dir das Nähen (noch) leichter von der Hand gehen lässt. Lege dir gutes Handwerkszeug zu, denn du wirst die kleinen Helferlein regelmäßig brauchen.

MARKIEREN

Das genaue Anzeichnen von Naht- und Saumzugaben oder anderen Markierungen verhilft zu einem sauberen Nähergebnis. Daher sollten diese Markierungen mithilfe von Schneiderkreide oder Trickmarkern sorgfältig gesetzt werden. Beides ist in verschiedenen Farben erhältlich. Entfernt wird die Kreide einfach durch Ausbürsten. Noch einfacher geht es mit dem Trickmarker, der je nach Modell von selbst nach einigen Tagen verschwindet oder mit einem feuchten Tuch weggewischt wird. Kleine Knipse, also Einschnitte innerhalb der Nahtzugabe, oder Stecknadeln sind ebenfalls gängige Mittel, um bestimmte Punkte auf dem Nähstück zu markieren. Taschen und Knopfpositionen o. Ä. können auch mit dem Kopierrädchen und dem entsprechenden Papier übertragen werden.

MESSEN

Mit einem Maßband werden Körpermaße bestimmt. Es findet auch Verwendung bei der Ermittlung gebogener Strecken, wie z. B. am Ausschnitt für die Bemessung der Bündchen. Die Einkerbungen am Handmaß ermöglichen ein gleichmäßiges Anzeichnen von Saum und Nahtzugaben. Auch kurze Strecken werden damit präzise abgemessen. Ein Saumlineal hat ähnliche Eigenschaften. Die gängigsten Saummaße sind darauf markiert und erleichtern so ein schnelles Überprüfen. Die Messskala am Saum- sowie am Handmaß beginnt direkt an der Kante, dadurch können auch innen liegende Strecken schnell ermittelt werden.

STECKEN

Stecknadeln gibt es in vielen Varianten – eines haben sie alle gemeinsam: Sie helfen beim Fixieren der einzelnen Stofflagen und ermöglichen ein genaues Zusammennähen. Sie können auch zum Markieren von Punkten oder Abschnitten verwendet werden. Ohne abgerundete Spitze hinterlassen sie kleine Löcher im Jersey und sollten daher innerhalb der Nahtzugabe gesteckt werden. Besonders empfehlenswert sind Stecknadeln mit Glasköpfen, da sie beim Bügeln nicht schmelzen. Schnell aufgeräumt und aufbewahrt sind Stecknadeln mit einem magnetischen Nadelkissen. Alternativ gibt es „Wonderclips". Sie funktionieren ähnlich wie eine Wäscheklammer und halten locker auch mehrere Lagen Stoff zusammen, ohne diesen zu beschädigen. Besonders praktisch sind sie, wenn man Falten oder Einfassstreifen fixieren möchte.

SCHNEIDEN

Eine hochwertige Stoffschere oder ein Rollschneider sind die wichtigsten Utensilien für den Zuschnitt des Stoffes. Mit dem Rollschneider kann Jersey problemlos geschnitten werden, ohne dass er sich verzieht. Er sollte immer mit einer scharfen Klinge ausgestattet sein. Damit dies lange so bleibt, sollte er zusammen mit einer geeigneten Schneidematte benutzt werden. Sie hat eine Rasterung und erleichtert so das Zuschneiden von Bündchen oder anderen geraden Nähstücken. Ergänzend dazu ist ein spezielles Lineal sinnvoll. Die Stoffschere wird ausschließlich für das Schneiden von Textilien benutzt, sonst ist die Schere ganz schnell stumpf. Eine kleine Fadenschere sollte immer griffbereit neben der Nähmaschine liegen. Das liebste und zugleich lästigste Werkzeug jedes Nähenden ist sicher der Nahttrenner – wenn er zum Einsatz kommt, hat man zuvor meist einen Nähfehler gemacht. Dafür trennt er schnell und zuverlässig jede Naht und schneidet Knopflöcher sauber auf.

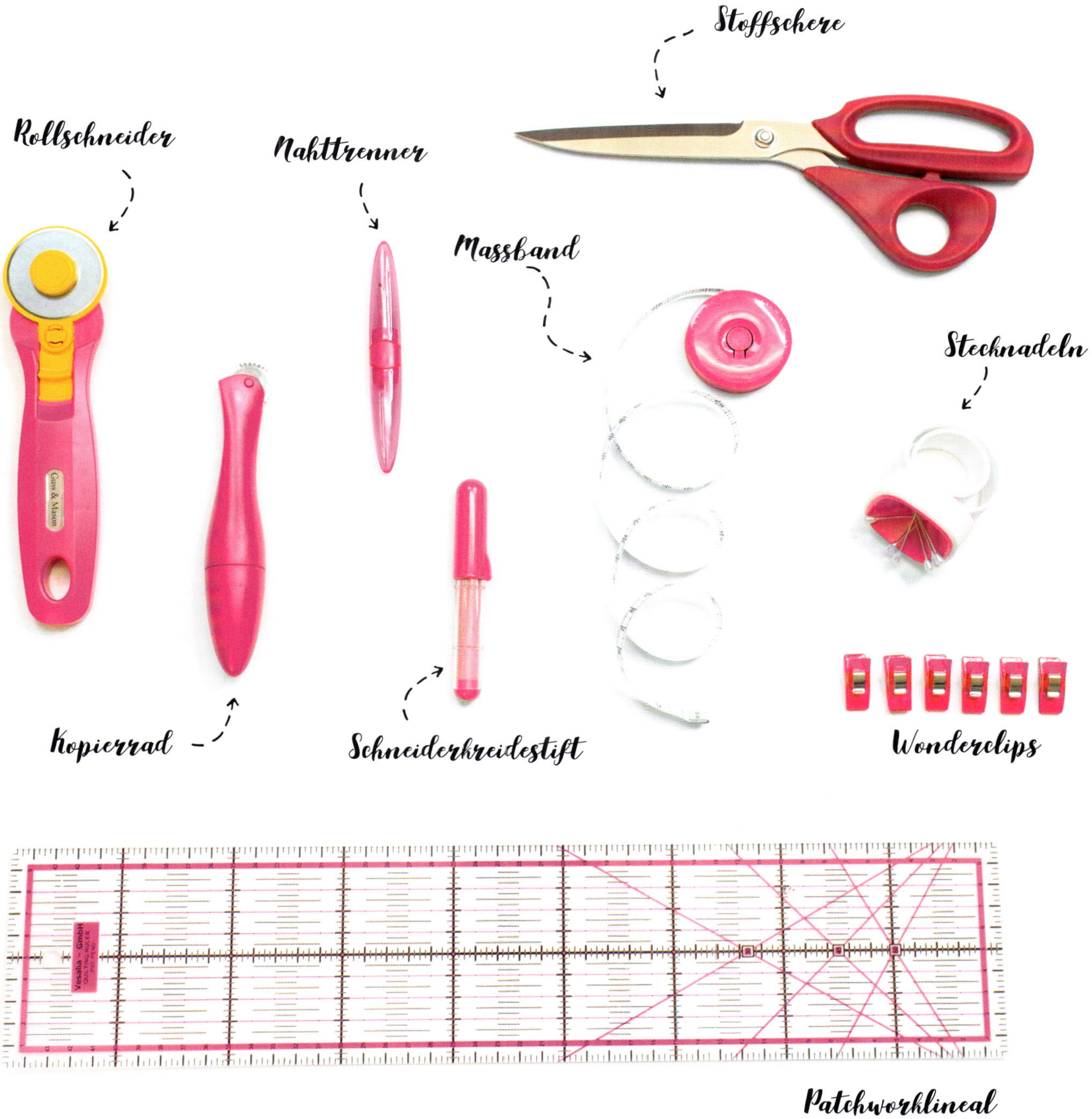

Stoffschere
Rollschneider
Nahttrenner
Massband
Steecknadeln
Kopierrad
Schneiderkreidestift
Wonderclips
Patchworklineal

JERSEY MIT DER OVERLOCKMASCHINE NÄHEN

Wer öfter mit Jersey näht, wird auf eine Overlockmaschine nicht mehr verzichten wollen. In einem Arbeitsschritt werden die Stofflagen zusammengenäht und versäubert, die überschüssige Nahtzugabe wird abgeschnitten. Die Nähte werden dehnbar und strapazierfähig, und das Nähstück erhält auch auf der Innenseite ein professionelles Aussehen.

DIE WICHTIGSTEN BEGRIFFE

Greifer, Nadeln und Messer

Die Overlockmaschine hat ein integriertes Messer, das die Nahtzugaben während des Nähens sauber abschneidet. Zwei Greifer (Obergreifer und Untergreifer) führen die Fäden anstelle von Spulen. Diese Fäden umschlingen und versäubern den Stoff. Zwei Nadeln mit Nadelfäden bilden die Stiche.

Stichlänge

Wie bei der Haushaltsnähmaschine kann auch bei der Overlockmaschine die Stichlänge, also der Abstand zwischen zwei Nadeleinstichen, eingestellt werden. Dabei gilt grundsätzlich: Leichte, dünne Stoffe werden mit kürzeren und schmaleren Stichen genäht, bei dickeren und schwereren Stoffen eignet sich eine große Stichlänge besser.

Fadenspannung

Das Garn läuft vom Garnrollenhalter durch die Spannungsscheiben, mit denen man jeden Faden einzeln spannen kann. In der Regel kann man sich auf die „Standard-Einstellung" verlassen. Bei einigen Stoffen empfiehlt es sich aber, die Spannungen der Greifer oder die der Nadeln etwas zu lösen oder fester zu stellen. Genaue Hinweise dazu liefert die Bedienungsanleitung deiner Overlockmaschine.

Differenzialtransport

Die meisten Overlockmaschinen haben einen Differenzialtransport. Dieser besteht aus zwei Transportplatten unter dem Nähfuß: einer vorderen und einer hinteren. In der Standardeinstellung (1) arbeiten beide Transporteure gleich schnell. Ist das Differenzial kleiner eingestellt (0,7–1), arbeitet der hintere Transporteur schneller als der vordere. Dadurch wird der Stoff beim Nähen etwas gedehnt und ein welliges Nahtbild entsteht. Dies ist z. B. beim Rollsaum beabsichtigt. Wird das Differenzial größer eingestellt (1–2), arbeitet der hintere Transporteur langsamer als der vordere. Dadurch wird der Stoff etwas eingehalten und somit z. B. auch Viskosestoff ohne Wellen genäht.

EINFÄDELN DER OVERLOCKMASCHINE

Wichtig beim Einfädeln ist es, sich an die Reihenfolge zu halten. Beachte dazu die Bedienungsanleitung der Overlockmaschine. In der Regel wird von rechts nach links eingefädelt: erst der Untergreifer (Garnrolle ganz rechts), dann der Obergreifer (2. Garnrolle von rechts), dann die rechte Nadel (2. Garnrolle von links) und zuletzt die linke Nadel (Garnrolle ganz links). Sollte mal ein Faden reißen, musst du leider alle Garne neu einfädeln, und zwar der richtigen Reihenfolge nach. Das wird dir mit der Zeit nicht mehr schwerfallen. Benutze dazu die Pinzette, die zum Lieferumfang der Maschine gehören sollte. Wie genau die einzelnen Fäden eingefädelt werden, entnimmst du der Bedienungsanleitung deiner Maschine. Viele Modelle haben farbige Markierungspunkte an den Stationen der Fäden, was das zunächst kompliziert wirkende Einfädeln erleichtert. Bevor du losnähst, achte darauf, dass die Teleskop-Fadenführung nach oben gezogen ist. Beim Farbwechsel des Garns empfiehlt es sich, die neuen Garne mit den alten vor der Teleskop-Fadenführung zu verknoten und mit angehobenem Nähfuß durch die Maschine durchzuziehen (mittels Betätigung des Nähfußes). So kann das Einfädeln umgangen werden.

NADELN

Bei der Auswahl der Nadeln beachte bitte unbedingt die Empfehlungen in der Bedienungsanleitung deiner Overlockmaschine. Manche Maschinen können mit Nähmaschinennadeln nähen, für andere braucht man spezielle Overlocknadeln. Diese tragen die Bezeichnung EL705x für Universalnadeln mit leicht abgerundeter Spitze oder EL705x SUK für spezielle Nadeln für dehnbares Material mit stark abgerundeter Spitze. Die Bezeichnung CV verspricht eine sehr stabile Verchromung, welche die Nadeln besonders haltbar macht. Nadeln gibt es in verschiedenen Stärken, sie werden nach Materialstärke gewählt. Single- oder Viskose-Jersey sollte mit einer 70er- oder 75er-Nadel genäht werden, Double-Jersey, Interlock, Jacquard-Jersey oder leichter Sweatstoff mit einer 80er-Nadel.

HÄUFIG VERWENDETE OVERLOCKSTICHE

Der 4-Faden-Overlockstich wird zum Versäubern und Zusammennähen verwendet. Hier werden beide Nadeln und beide Greifer genutzt. Der Stich erzielt sehr belastbare Overlocknähte und ist sehr gut geeignet für viel strapazierte Kleidung.

Der 3-Faden-Overlockstich ist besonders zum Versäubern geeignet, kann aber, vor allem bei nicht stark belasteten Nähten, auch zum Zusammennähen verwendet werden. Hier wird nur eine Nadel genutzt und somit ein Garn eingespart. Je nachdem, ob die rechte oder linke Nadel verwendet wird, entsteht eine schmalere oder breitere Naht.

Der 3-Faden-Rollsaum wird zum Säumen verwendet, es entsteht ein dekorativer Kantenabschluss. Hier wird nur eine Nadel genutzt. Wenn der Differenzialtransport auf der Skala unter 1 eingestellt wird, ergibt sich ein welliger Saum.

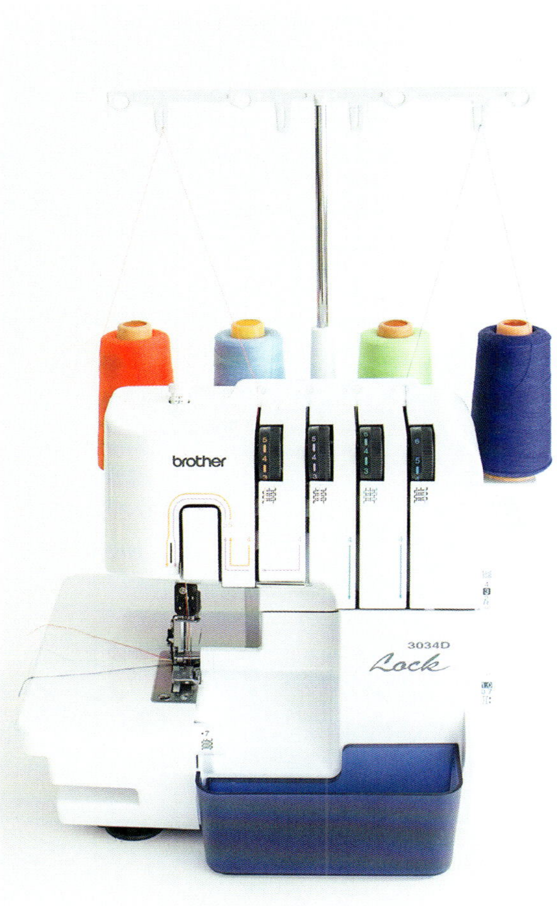

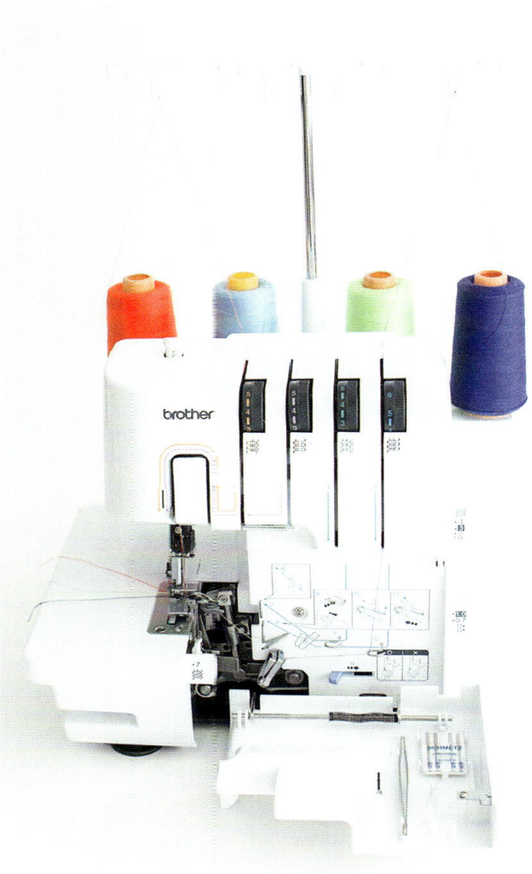

SICHERN DER FADENKETTE Am Nahtanfang

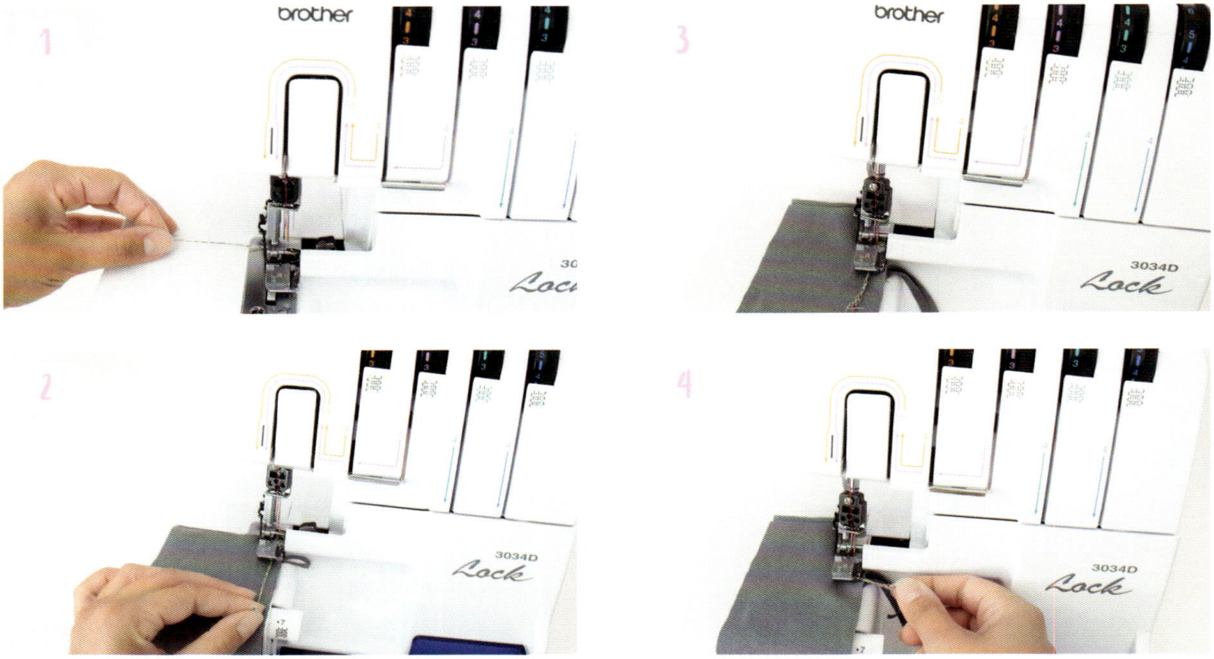

1. Lass eine Fadenkette von ca. 5 cm stehen, bevor du den Stoff unter das Nähfüßchen legst.
2. Nähe 1–2 cm, bis du die Fadenkette greifen und nach vorn unter den Nähfuß legen kannst. Sie liegt nun auf der Nahtlinie.
3. Nähe über die Fadenkette hinweg, ohne sie zu zerschneiden. So wird sie in die Naht mit integriert.
4. Lege die Fadenkette nach 3–4 cm unter das Messer, damit sie abgeschnitten wird.

Am Ende einer Naht

1

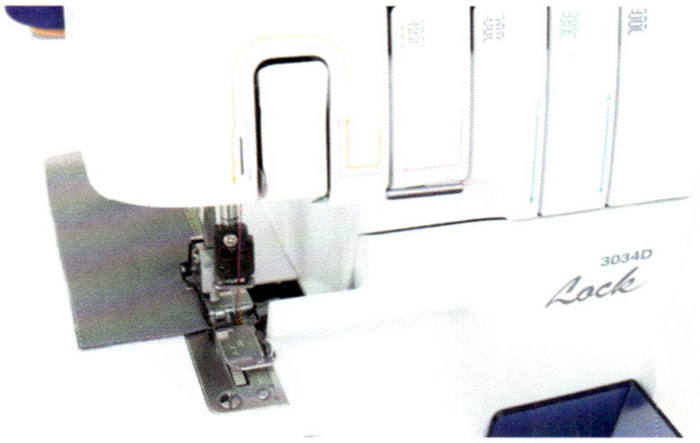

2

3

1. Nähe am Ende einer Naht einen Stich über den Stoff hinaus und halte die Maschine an.
2. Hebe den Nähfuß und die Nadeln an und wende den Stoff auf seine Rückseite. Ziehe ihn dann um den Nähfuß herum nach vorn.
3. Nähe nochmals 3–4 cm auf der bisherigen Nahtlinie, ohne die zuvor genähte Naht zu zerschneiden. Lass die Naht nach rechts auslaufen, indem du den Stoff während des Nähens nach links aus der Maschine ziehst. Verknote die Fadenkette und schneide überstehende Enden ab.

Mit der Overlock- oder Covermaschine nähen

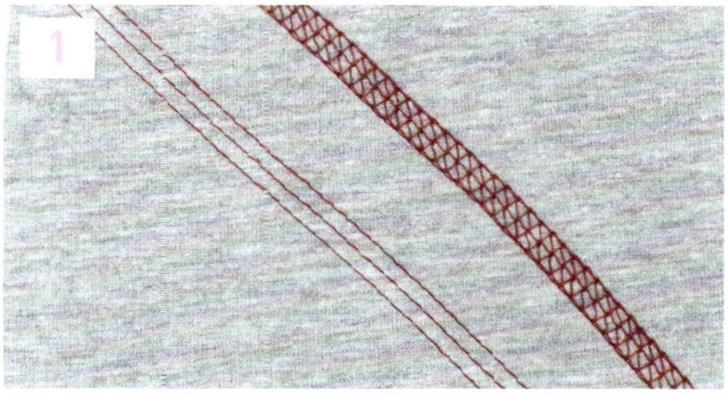

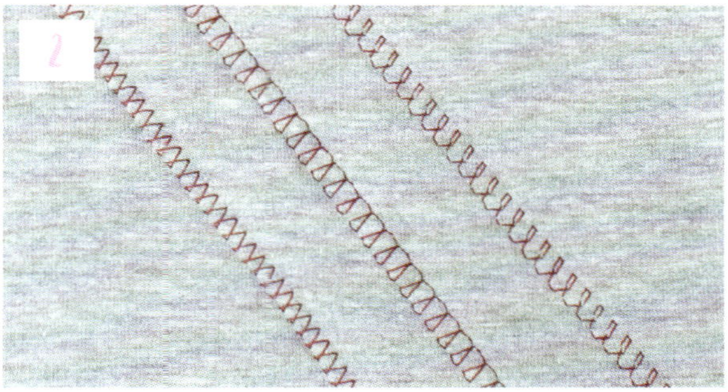

1. Hier im Buch liest du wahrscheinlich das eine oder andere Mal von der „Covermaschine". Die Covermaschine ist kein MUSS, aber sie bietet dir neben der Möglichkeit, Säume professionell zu verarbeiten, eine breite Auswahl an Ziernähten. Sie näht mit einem oder drei Oberfäden. Bei der Cover-Naht ist der Kettstich auf der Rückseite verschlungen. Diese Naht wird häufig als Ziereffekt auf der rechten Stoffseite eingesetzt.
2. Aber es gibt auch einige Zierstiche an der normalen Nähmaschine, die diesem Stich sehr nahekommen. Schau dafür einfach mal in die Stich-Übersicht deiner Maschine, dort findest du sicher etwas!

JERSEY MIT DER HAUSHALTSNÄHMASCHINE NÄHEN

Over- und Coverlockmaschinen sind der Traum für jeden, der gern näht, aber sie werden nie die gute alte Haushaltsnähmaschine ersetzen. Wie du auch ohne Spezialmaschinen Jersey und andere elastische Stoffe bändigst, erfährst du hier.

DIE RICHTIGEN NADELN

Verwende zum Verarbeiten von Jersey keine Universalnadeln, da diese Laufmaschen oder kleine Löcher verursachen können. Benutze stattdessen spezielle Jersey- oder Ballpoint-Nadeln. Sie haben eine stark abgerundete Spitze und schieben sich beim Nähvorgang zwischen die Maschen, ohne die Fasern zu verletzen. Für hoch elastische Stoffe wie Viskose-Jersey, Fleece oder auch Badeanzugstoffe verwendest du am besten Stretch-Nadeln. Auch diese haben eine abgerundete Spitze und ein speziell geformtes Öhr.

Beim Säumen können Zwillingsnadeln schöne Effekte erzielen. Beim Nähvorgang werden zwei Oberfäden gleichzeitig durch die Nadel geführt, sodass zwei parallel verlaufende Nähte entstehen. Der Unterfaden verbindet die beiden Nähte mit einem Zickzackstich und macht die Naht elastisch.

Je nach Materialstärke solltest du auch eine andere Nadelstärke wählen: Single-Jersey nähst du am besten mit einer 70/75er-Nadel, Double-Jersey oder Sommer-Sweat mit 80er-Nadeln und wirklich dicke Sweat-Stoffe dann mit 80er- oder sogar 90er-Nadeln.

DIE MASCHINE FÜHRT

Beim Tanz mit Jersey ist auf jeden Fall Damenwahl angesagt. Lass deine Nähmaschine den Stoff führen, schiebe oder ziehe auf keinen Fall am Stoff! So vermeidest du Wellen in der Naht. Sollten diese doch entstanden sein, drücke sie am besten mit einem Bügeleisen und viel Dampf wieder flach.

Auch der Füßchendruck kann zur Wellenbildung führen. Stelle diesen gegebenenfalls niedriger ein, falls deine Maschine dafür einen eigenen Regler hat. Alternativ kannst du auch einen Papier- oder Butterbrotpapierstreifen unter den Stoff legen. Achte aber darauf, dass du diesen nur bis knapp vor die Nadel legst und nicht mit einnähst.

Verwendest du verschiedene Jerseyarten, dann lege den dehnbareren Stoff beim Nähen nach unten. So wird dieser vom Untertransport automatisch weiterbefördert. Arbeitest du oft mit Jerseystoffen, kannst du dir einen Obertransportfuß anschaffen, der die obere Stofflage gleichmäßig mitbewegt.

STICHE FÜR DEHNBARE STOFFE

Mit einem einfachem Geradstich erzielt man nur feste Nähte, die nicht dehnbar sind und bei Jersey reißen würden. Es gibt aber einige unkomplizierte Stich-Alternativen, die sich mit den meisten Haushaltsnähmaschinen ausführen lassen.

ZICKZACKSTICH

Der Zickzackstich wird am besten mittelbreit und mittellang eingestellt. Dieser Stich bleibt elastisch. Je schmaler er eingestellt ist, desto weniger dehnbar ist die Naht später. Verwendet wird dieser Stich für das Zusammennähen der einzelnen Teile. Grundsätzlich muss Jerseystoff nicht unbedingt versäubert werden, da die Maschen nicht auftrennen. Wenn man es aus optischen Gründen dennoch machen möchte, verwendet man auch hierfür den Zickzackstich, sehr breit und mittellang eingestellt.

DREIFACHER GERADSTICH

Hierzu macht die Nähmaschine einen längeren Stich vorwärts und einen kürzeren Stich rückwärts. Dieser Stich ist nur wenig dehnbar, aber extrem reißfest. Er könnte auch für das Zusammennähen der einzelnen Teile angewendet werden, ist jedoch (sollte doch mal eine Naht falsch gesetzt sein) extrem schwer wieder aufzutrennen.

Wenn du mit dem Nähen von Jersey beginnst, ist es ratsam, an der Haushaltsnähmaschine zuerst einmal dickere dehnbare Stoffe zu verarbeiten. Normaler Sweatshirt-Stoff sollte für die meisten Haushaltsnähmaschinen noch kein Problem darstellen. Dünner Jersey ist durchaus schon eine Herausforderung.

DREIGETEILTER ZICKZACKSTICH

Der dreigeteilte Zickzackstich ist enorm dehnbar. Statt die Richtung nach jedem Stich zu wechseln, macht er drei kleine Stiche in eine Richtung und dann drei kleine in die andere usw. Der dreigeteilte Zickzackstich eignet sich gut zum Absteppen von Nähten, wie z. B. am Saum oder zum Annähen eines Belegs. Auch mit diesem Stich, kurz und schmal eingestellt, können die einzelnen Schnittteile gut zusammengenäht werden.

DOPPELNAHT MIT ZWILLINGSNADEL

Durch Verwendung einer (Stretch)-Zwillingsnadel entsteht eine doppelt gesteppte Naht, die aus zwei Oberfäden und nur einem Unterfaden gebildet wird. Der Unterfaden verläuft dabei im Zickzack. Dadurch bleibt die Naht elastisch.

GERADSTICH

Der Geradstich wird bei dehnbaren Stoffen nur zum Annähen von Taschen und Applikationen oder zum Absteppen von Ausschnittbündchen o. Ä. angewendet. Wenn du Nähte hast, die im Fadenlauf verlaufen, kannst du den Geradstich auch hier einsetzen, beispielsweise beim Zusammennähen von Bündchen.

OVERLOCKSTICH

Viele Nähmaschinen haben bereits eine Funktion für Overlockstiche. Damit kann man nähen und versäubern in einem Schritt, und die Naht bleibt dehnbar. Damit die Ränder schön werden, müssen die Nahtzugaben zuvor sorgfältig zurückgeschnitten werden.

MASS NEHMEN UND GRÖSSEN AUSWÄHLEN

Bevor du den Schnitt in der dir passenden Größe auswählst, solltest du zuerst an dir Maß nehmen. Nur so kannst du sichergehen, dass du die am besten geeignete Größe triffst. Gewöhne dir diesen Schritt am besten vor jedem neuen Projekt an, denn die Maßtabellen der verschiedenen Schnittmuster-Hersteller variieren stark.

Verwende zum Maßnehmen ein biegsames Maßband, das du um die entsprechenden Körperstellen legst – und zwar, ohne es stramm festzuziehen, aber auch nicht zu locker. Beim Maßnehmen solltest du, um wirklich korrekte Maße zu erhalten, am besten nur Unterwäsche oder ein sehr eng anliegendes Oberteil tragen. Genauer werden die Messungen meist, wenn du dir von einer zweiten Person dabei helfen lässt.

MASSTABELLE

	32	34	36	38	40	42	44	46
Körpergröße	168 cm	168 cm	168 cm	168 cm	168 cm	168 cm	168 cm	168 cm
Brustumfang	76 cm	80 cm	84 cm	88 cm	92 cm	96 cm	100 cm	104 cm
Taillenumfang	62 cm	65 cm	68 cm	72 cm	76 cm	80 cm	84 cm	88 cm
Hüftumfang	86 cm	90 cm	94 cm	97 cm	100 cm	103 cm	106 cm	109 cm

DEINE MASSE

Lege dir ein Maßband um folgende Stellen, um das korrekte Maß zu ermitteln:

Brust: Über die stärkste Stelle an der Brust messen. (1)

Taille: Die Fäuste seitlich zwischen Rippen und Hüftknochen stemmen. Mittig davon befindet sich die Taille. Das ist in der Regel die schmalste Stelle am Bauch. Knapp oberhalb des Bauchnabels messen. (2)

Hüfte: Über die breiteste Stelle am Gesäß messen – NICHT am Hüftknochen. (3)

Oberarm: Über die breiteste Stelle am Arm messen – kurz unter der Achsel. (4)

Seitenlänge/Bein: Länge von der Taille bis zum Boden messen. (5)

Wade: Über die breiteste Stelle an der Wade messen, in der Regel im oberen Drittel. (6)

Oberschenkel: Über die breiteste Stelle am Oberschenkel messen – relativ weit oben. (7)

Die Maßtabellen für Schnittkonstruktionen enthalten noch eine Menge weiterer Maße: Rückenlänge, Schulterbreite, Halsweite und andere. Für den korrekten Sitz der Oberteile ist die Brustweite entscheidend, für den der Hosen und Röcke die Hüftweite. Sollten die anderen Maße sehr abweichen, kannst du das Schnittmuster anpassen (siehe Seite 24–25).

	Deine Maße
Körpergröße	
Brustumfang	
Taillenumfang	
Hüftumfang	
Oberarmumfang	
Seitenlänge	
Wadenumfang	
Oberschenkelumfang	

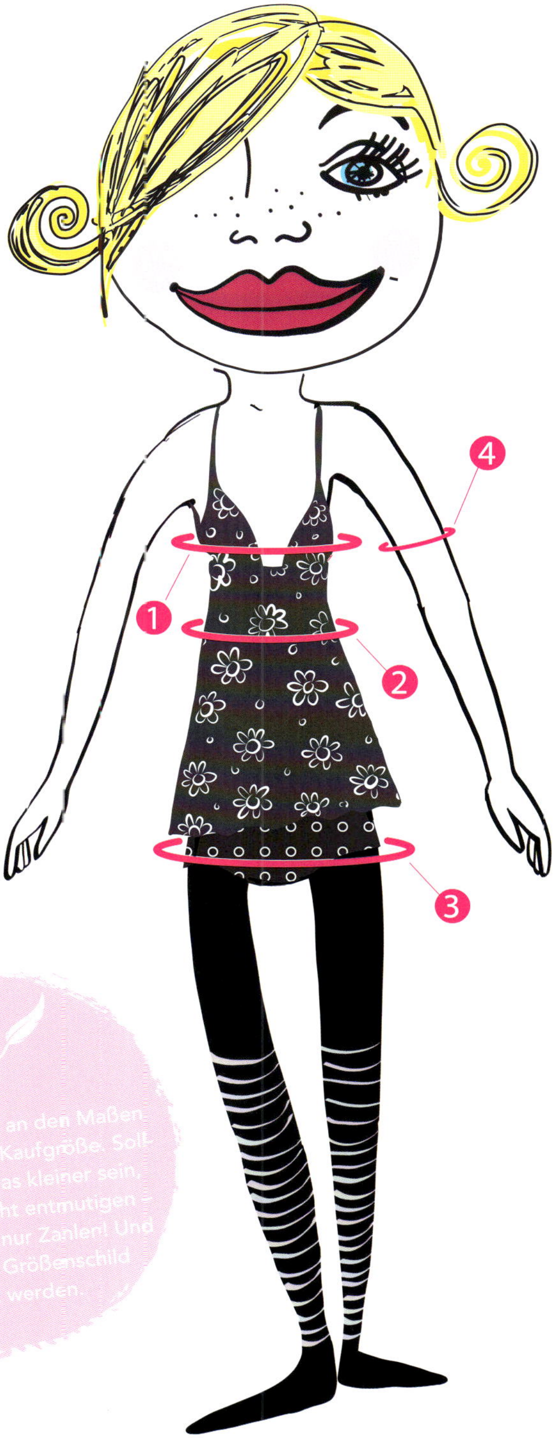

Tipp

Orientiere dich hier an den Maßen und nicht an deiner Kaufgröße. Sollte diese sonst etwas kleiner sein, lass dich davon nicht entmutigen – es sind schließlich nur Zahlen! Und es muss ja kein Größenschild eingenäht werden.

SCHNITTMUSTER ANPASSEN

Kaum eine Person entspricht Standardmaßen – das Tolle am Selbernähen ist, dass du auf die Besonderheiten deines Körpers eingehen und deine Kleidung deinen Bedürfnissen anpassen kannst. Dafür musst du schon vor dem Nähen Änderungen am Schnittmuster berücksichtigen.

ZWISCHEN ZWEI GRÖSSEN WECHSELN

Wenn dein Brustumfang beispielsweise Größe 36 entspricht, dein Hüftumfang aber Größe 38, kannst du das Schnittmuster anpassen, indem du beim Abpausen der Vorlage zwischen den beiden Größen wechselst. Zeichne im Brustbereich die Linie der Größe 36 nach und ziehe eine harmonisch verlaufende Linie zu dieser der Größe 38 im Hüftbereich. Solltest du genau zwischen zwei Maßen liegen, zeichne dir eine Linie, die genau zwischen den beiden Linien der entsprechenden Größen liegt. Beachte dabei jedoch, dass die Armausschnitte an Vorder- und Rückteil im Brustbereich und die Ärmel immer in derselben Größe zugeschnitten werden müssen, da sonst die Ärmel nicht richtig in die Armkugeln passen. Falls dein Oberarmumfang einer anderen Größe entspricht als dein Brustumfang, kannst du auch das anpassen. Übertrage dann die Armkugel des zu deinem Oberarmumfang passenden Oberteils auf das Schnittmuster, das zu deinem Brustumfang passt.

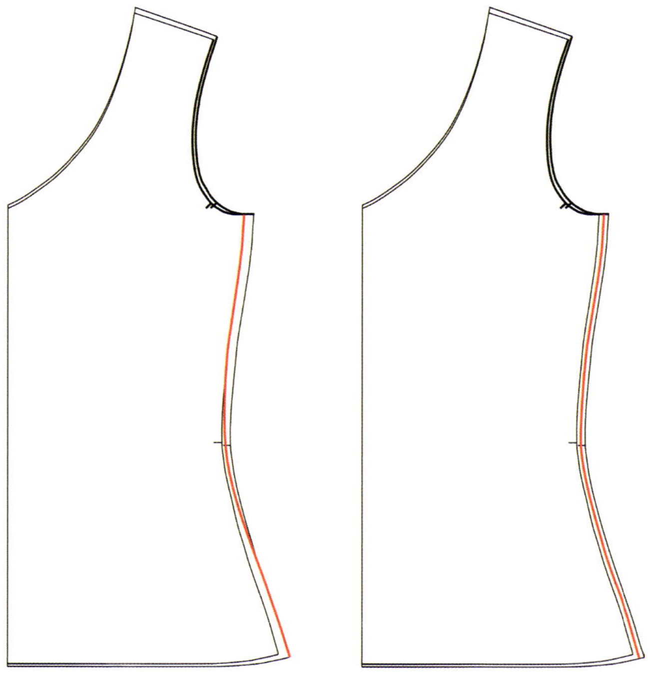

KURZE UND LANGE GRÖSSEN

Als durchschnittliche Körpergröße wird für Damenschnitte ein Maß von 168 cm angenommen. Wenn du deutlich größer oder kleiner bist, musst du das Schnittmuster in der Länge anpassen.
Als Faustregel gilt: Korrigiere die Länge des Oberteils um die Hälfte des Betrags, um den deine Körpergröße von 168 cm abweicht (da sich eine Differenz von beispielsweise 10 cm ja auf den gesamten Körper verteilt). Du kannst das abgepauste Schnittmuster auch einmal an den Körper anhalten, um zu erkennen, wie viel du anpassen musst.
Die Schnittmuster lassen sich leicht kürzen oder verlängern. An Oberteilen befinden sich die dafür geeigneten Stellen bei Vorder- und Rückteil in der Taille, an den Ärmeln am Ellenbogen und an Hosen auf der Höhe der Knie.

5 cm verlängern

Zeichne im Schnittmuster auf Höhe der Taille waagerechte Linien ein. Diese müssen genau im rechten Winkel zur vorderen oder hinteren Mitte (bzw. zur Ärmelmitte) verlaufen. Schneide das Schnittmuster an dieser Linie auseinander und lege einen Streifen Papier darunter. Schiebe die beiden Linien jeweils um die Korrektur – hier also um 5 cm – auseinander und klebe die Schnittmuster auf dem Papierstreifen fest. Zeichne die Seitenlinie nach, sodass hier ein harmonischer Verlauf entsteht.

5 cm kürzen

Zeichne im Schnittmuster auf Höhe der Taille waagerechte Linien ein. Diese müssen genau im rechten Winkel zur vorderen oder hinteren Mitte (bzw. zur Ärmelmitte) verlaufen. Ziehe ober- und unterhalb der Linien jeweils eine weitere Linie. Der Abstand zwischen diesen beiden Linien muss genau dem Maß der Änderung entsprechen (im Beispiel 5 cm).
Die ursprüngliche Änderungslinie des Schnittmusters muss genau in der Mitte liegen. Falte das Schnittteil nun so, dass die beiden Linien aufeinandertreffen und die ursprüngliche Änderungslinie im Falz verschwindet. Zeichne die Seitenlinie nach, sodass hier ein harmonischer Verlauf entsteht.

Körpernahe und legere Passform

In diesem Buch findest du beide Passformen: Körpernahe und legere Formen. Wenn du einen körpernahen Schnitt lieber lockerer in der Taille trägst, dann kannst du die Seitennähte einfach weniger stark tailliert zuschneiden.

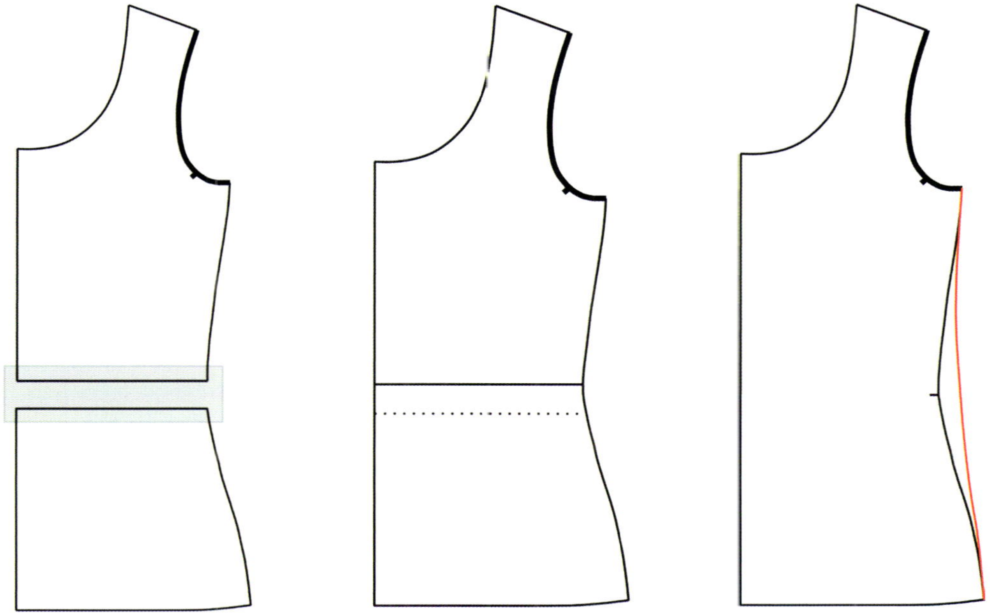

VORBEREITEN UND ZUSCHNEIDEN

Sind der Lieblingsstoff gefunden und das passende Schnittmuster ausgewählt, geht es schon fast an die Nähmaschine. In all dem Eifer solltest du aber nichts überstürzen, sondern Stoffe und Schnittmuster sorgfältig vorbereiten. Dann klappt es später beim Nähen umso schneller!

WASCHEN

Wasche und bügle deine Stoffe vor dem Zuschneiden. Viele Stoffe laufen beim ersten Waschen noch ein – das sollte unbedingt vor dem Verarbeiten passieren, damit sich nachher nichts mehr verändert und dein T-Shirt womöglich zu klein wird oder sich verzieht.

SCHNITTMUSTER ABPAUSEN

Damit du die auf den beiliegenden Schnittmusterbogen abgebildeten Schnittvorlagen mehrmals und in verschiedenen Größen verwenden kannst, pause diese ab. Das gelingt mit Transparentpapier aus dem Fachhandel, aber auch mit Butterbrot- oder Seidenpapier. Manche Näherinnen verwenden durchsichtige Plastikplanen aus dem Baumarkt. Wichtig: Die Schnittmuster in diesem Buch sind alle ohne Naht- und Saumzugaben gezeichnet. Du musst sie also hinzufügen. Bevor du die Schnittvorlage ausschneidest, führst du nötige Größenanpassungen durch. Zeichne auch alle Markierungen im Schnittmuster auf dem Schnittteil ein.

NAHT- UND SAUMZUGABEN

Nahtzugaben

Werden zwei Stoffstücke aneinandergenäht, liegt die Naht nicht direkt an der Außenkante. Den Abstand zwischen Außenkante und eigentlicher Nahtlinie nennt man Nahtzugabe.
Bevor du dann die Schnittvorlagen für dein Projekt ausschneidest, musst du den Papierschnitten ringsherum also Nahtzugaben hinzufügen, wie auf der Grafik unten dargestellt. Zeichne also die so vergrößerten Schnittvorlagen auf dem Stoff an und schneide deine einzelnen Schnittteile dann entlang dieser Linien aus. Bei einem Oberteil brauchst du Nahtzugaben an den Schulterlinien, den Armausschnitten und den Seitenlinien des Vorder- und Rückteils sowie an der Armkugel und den Seitenlinien der Ärmel sowie am Halsausschnitt; auch Belege, Kragen und Taschen werden mit Nahtzugaben zugeschnitten. Die Breite der Nahtzugabe kannst du nach persönlicher Vorliebe bestimmen – in der Regel genügen 0,7–1 cm.

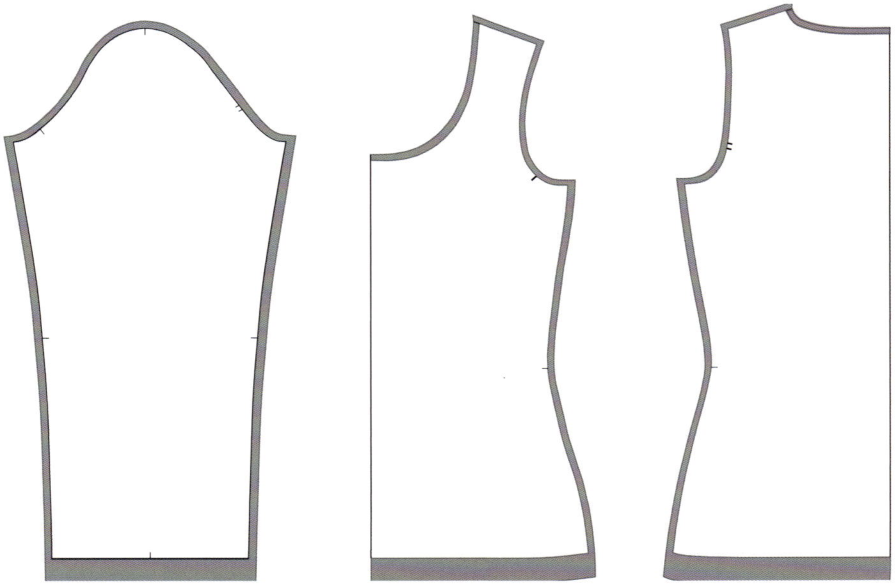

kannst du sicherstellen, dass der Achselpunkt an der gleichen Stelle im Streifenmuster liegt. Vergleiche die Streifen-/Musterposition auch am Saum des Shirts. Beim Zuschnitt der Ärmel solltest du darauf achten, dass die Ärmelpasszeichen an der gleichen Stelle am Streifen wie die Passzeichen des Vorder- und Rückteils liegen. Durch die unterschiedlichen Rundungen des Armausschnitts und des Ärmels werden die Streifen nicht durchgehend zu 100 % übereinanderliegen. Um mit Mustern zu spielen, kann man sie auch gut im schrägen Fadenlauf zuschneiden. Dafür wird der Stoffbruch im 45°-Winkel zur Webkante gefaltet. So kann man z. B. ein gestreiftes T-Shirt vorn statt im Stoffbruch aus zwei gegengleich zugeschnittenen Vorderteilen zuschneiden, die dann, zusammengenäht, ein interessantes „V"-Muster ergeben.

Rechte/linke Stoffseite

Bei den meisten Stoffen lässt sich leicht zwischen der (zum Beispiel bedruckten) Vorderseite und der Rückseite unterscheiden. Erstere wird als rechte, Letztere als linke Stoffseite bezeichnet. Stoffe „rechts auf rechts" oder „links auf links" zusammenzulegen, heißt also, sie so aufeinanderzulegen, dass je zwei Vorderseiten bzw. zwei Rückseiten aufeinandertreffen.

Gegengleich zuschneiden

Spiegelverkehrte Schnittteile – bei T-Shirts z. B. die Ärmel – werden in doppelter Stofflage gegengleich zugeschnitten. Das Schnittmusterteil wird hier nicht an den Stoffbruch angelegt, sondern ringsum mit Nahtzugaben versehen. Es entstehen zwei Schnittteile.

Markierungen übertragen

Um Markierungen vom Papierschnitt auf den Stoff zu übertragen – z. B. die Position der Brusttasche – kannst du mit einer Stecknadel durch die Eckpunkte der Markierung stechen. Dort, wo die Nadel wieder herauskommt, kannst du dir auf der linken Stoffseite, z. B. mit Trickmarker, eine Markierung aufzeichnen. Innerhalb der Nahtzugaben kannst du Passformmarkierungen auch mit kleinen Einschnitten (Knipsen) kennzeichnen. Vorsicht: Naht nicht verletzen!

EINLAGEN AUFBÜGELN

Wenn kleine Teile wie z. B. Ausschnittbelege mit Vlies verstärkt werden sollen, ist es ratsam, die Einlage bereits vor dem eigentlichen Zuschnitt auf ein entsprechend großes Stück Stoff zu bügeln und erst dann das Teil genau zuzuschneiden.

STOFFVERBRAUCH

Die angegebenen Stoffmengen beziehen sich auf Jerseys mit einer Breite von 140 cm. Sollte dein Stoff schmaler oder breiter sein, kann die benötigte Menge variieren. Auch wenn du beim Zuschneiden auf einen speziellen Musterverlauf achten musst, brauchst du eventuell etwas mehr Stoff.
Die Spannbreite bei den Mengenangaben ergibt sich durch das Auflegen der Schnittteile auf dem Stoff. Bei den kleineren Größen passen die Teile oftmals nebeneinander auf die 140 cm breite Stoffbahn, während sie für größere Größen untereinander gelegt werden müssen.

Näh-Techniken

Hier lernst du die wichtigsten Verarbeitungsmethoden im Detail kennen. Bei den Projekten findest du Seitenverweise zu den Techniken, sodass du schnell mal nachschlagen kannst.

BRUSTABNÄHER ARBEITEN UND ANPASSEN

3

4

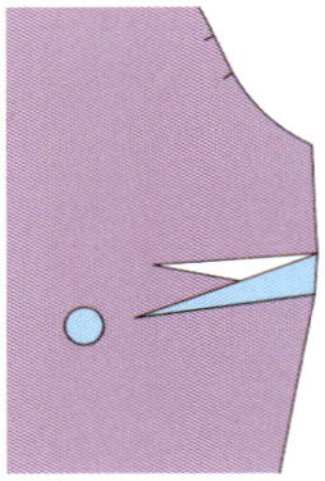

5

1. Einige der Schnittmuster in diesem Buch verfügen über Brustabnäher. Diese sind teilweise in allen Größen vorhanden oder auch erst ab einer gewissen Größe. Abnäher dienen dazu, dem Schnitt eine bessere Passform zu geben. Wenn du das Schnittmuster abgepaust hast, legst du es auf die linke Stoffseite auf und markierst den Abnäher mit Kreide oder Trickmarker.
2. Dieser Abnäherbereich wird nun mittig rechts auf rechts gefaltet, die Markierungen müssen übereinanderliegen und mit einem geraden Stich entlang der Markierung spitz zulaufend genäht werden. Falte den Stoff wieder auf und bügle den Abnäher so aus, dass die Nahtzugabe nach unten zeigt.
3. Brustabnäher können auch angepasst werden. Lege den Vorderteilschnitt dazu an deinen Oberkörper an. Dabei solltest du unbedingt auch einen BH tragen. Markiere die Mitte deiner Brust (meist ist dies die Brustspitze) am Schnittmuster.
4. Die Spitze des Abnähers sollte ca. 2–3 cm vor der Brustmitte enden. Mit einem Lineal kannst du nun ganz einfach den Abnäher selber verlegen, wenn dieser nicht mit dem im Schnitt übereinstimmt. Du beginnst dabei am breiten Rand des Abnähers und zeichnest bis 2–3 cm vor deinen Brustpunkt.
5. So sieht der fertige Brustabnäher aus.

SÄUMEN

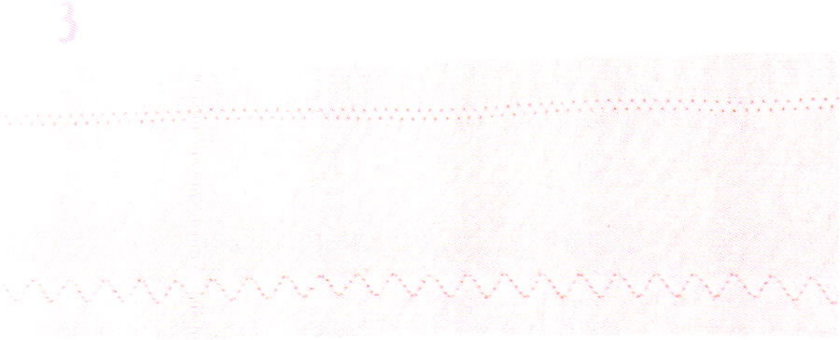

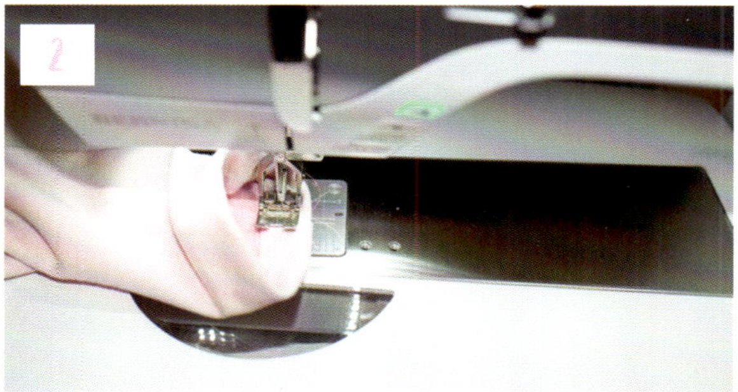

1. Es gibt verschiedene Möglichkeiten, Ränder an Kleidungsstücken zu säumen. Du kannst den Saum nach Belieben vorher versäubern. Da die Stoffe, die hier verwendet werden, in der Regel nicht fransen, kannst du darauf auch verzichten, aber schöner ist meist die aufwendigere Verarbeitung.
2. Schlage den Saum gemäß Nahtzugabe nach links um. Ärmelsäume werden von innen genäht.
3. Säume können unterschiedlich gestaltet werden. Wenn der Saum elastisch bleiben soll, dann solltest du zum Festnähen des Umschlags auch unbedingt einen elastischen Stich wählen. Dafür bieten sich der normale Zickzackstich, der Dreifach-Zickzackstich oder ein Coverlock-Stich an. Ist weniger Elastizität gefragt, reicht auch der Geradstich deiner Haushaltsnähmaschine.

Tipp

Beim Säumen solltest du zuerst ein Probestück mit dem jeweiligen Stoff nähen und prüfen, ob der Füßchendruck passt. Sollte sich der Saum wellen, ist der Druck zu hoch und muss reduziert werden!

GRUNDANLEITUNG „SHIRT NÄHEN"

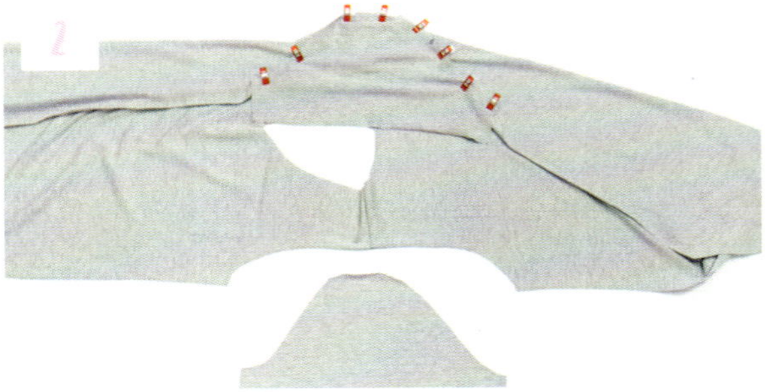

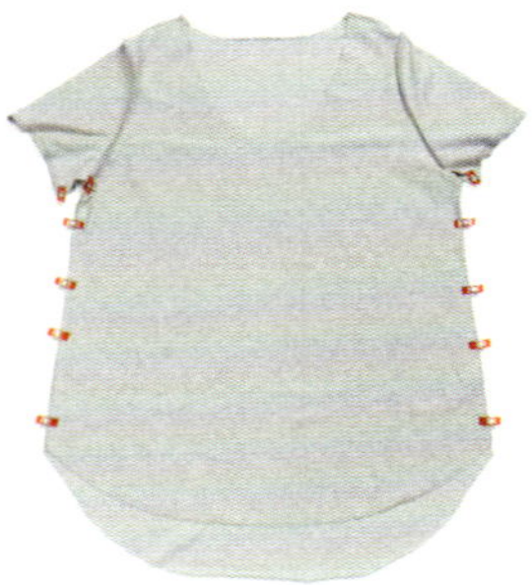

1. Lege Vorderteil und Rückteil rechts auf rechts aufeinander und schließe die Schulternähte mit einem Versäuberungsstich wie z.B. dem Zickzack- oder dem Overlockstich.
2. Nun werden die Ärmel angenäht: Im Schnittmuster findest du in der Regel wichtige Markierungen für den vorderen Bereich der Armkugel sowie für den des Armausschnitts, die du auf das Schnittteil überträgst. Lege den Ärmel jeweils rechts auf rechts an den Armausschnitt. Die Markierungen sollen dabei aufeinandertreffen. Nähe die Ärmel mit einem Versäuberungsstich fest.
3. Falte die Ärmel auf und lege Vorder- und Rückteil rechts auf rechts. Schließe die Ärmel- und die Seitennaht jeweils in einem Durchgang mit einer Versäuberungsnaht.
4. Dann werden die Säume am Ärmel und der Unterkante des Shirts genäht: Du kannst die Kanten nach Belieben zuerst mit einem Versäuberungsstich umnähen. Das ist nicht zwingend notwendig, da der Stoff ja nicht franst, aber es sieht sauberer aus. Schlage die Säume nach innen um und steppe sie von rechts fest. Dafür kannst du einen Geradstich, einen Zickzackstich, einen Dreifach-Zickzackstich oder eine Covermaschine verwenden.

5

7

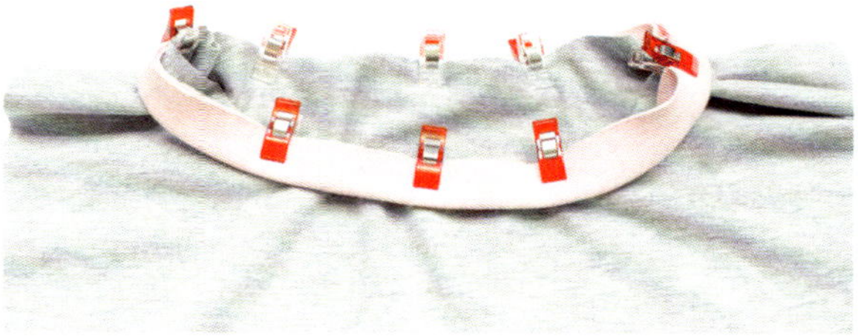

6

8

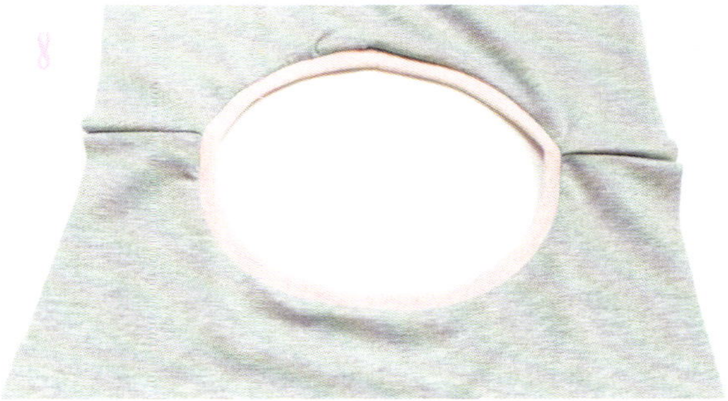

5. Jetzt wird das Halsbündchen festgenäht. Auf diese Weise können sämtliche Bündchen verarbeitet werden, auch Taillenbündchen. Lege den Halsausschnittstreifen an den schmalen Seiten rechts auf rechts und nähe diese mit einem elastischen Stich der Nähmaschine zusammen.

6. Streife die Nahtzugaben auseinander und falte den Stoffring links auf links entlang der Umbruchkante, sodass die offenen Kanten aufeinanderliegen. Teile den Halsausschnitt und das Halsbündchen jeweils in vier gleiche Abschnitte ein und markiere sie, ausgehend von vorderer und hinterer Mitte.

7. Orientiere dich nun an den Viertelstellen am Halsausschnitt und am Bündchen. Stecke die Teile erst an den markierten Stellen aufeinander. Die Naht des Halsbündchens sollte genau hinten mittig am Rückteil liegen. Dehne das Halsbündchen dazwischen gleichmäßig und stecke es komplett fest.

8. Nähe das Halsbündchen dann, hinten beginnend und gleichmäßig gedehnt, mit einer Versäuberungsnaht an den Halsausschnitt. Bügle die Naht gut aus und dabei die Nahtzugaben in Richtung Shirt. Steppe diese nach Belieben nun noch mit einer elastischen (Zier-)Naht von rechts fest.

GRUNDANLEITUNG „V-AUSSCHNITT"

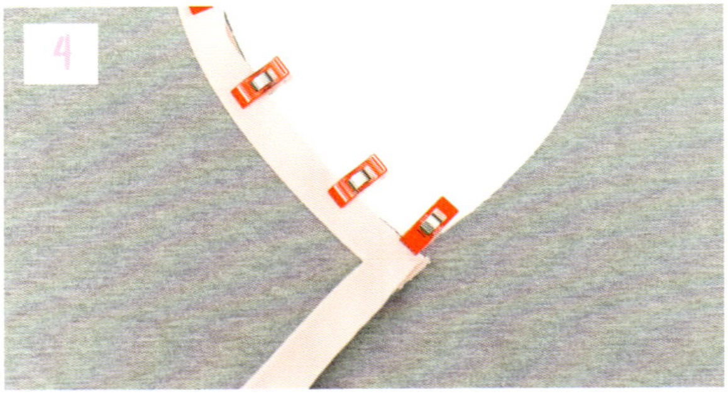

1. So nähst du einen V-Ausschnitt mit Bündchen: Verstärke zunächst die Spitze des V-Ausschnitts im Vorderteil von links mit einem Stückchen Vlieseline.
2. Falte den Bündchenstreifen mittig entlang der Umbruchkante links auf links und bügle ihn. Lege den offenen Streifen an der V-Seite rechts auf rechts aufeinander und nähe das V ab. Schneide die Nahtzugabe in der Mitte der Naht dann bis kurz vor diese vorsichtig ein.
3. Falte das Bündchen wieder links auf links, jetzt ist schon der V-Ausschnitt gut zu erkennen. Die überstehenden Nahtzugaben kannst du abschneiden.
4. Stecke das Bündchen rechts auf rechts zuerst an der Mitte des V-Ausschnitts fest. Lege dabei die Spitze des Bündchens genau an die Spitze des Ausschnitts und fixiere sie mit Nadeln.

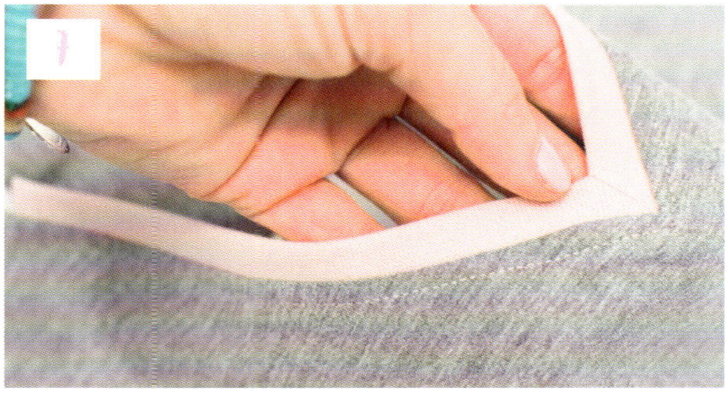

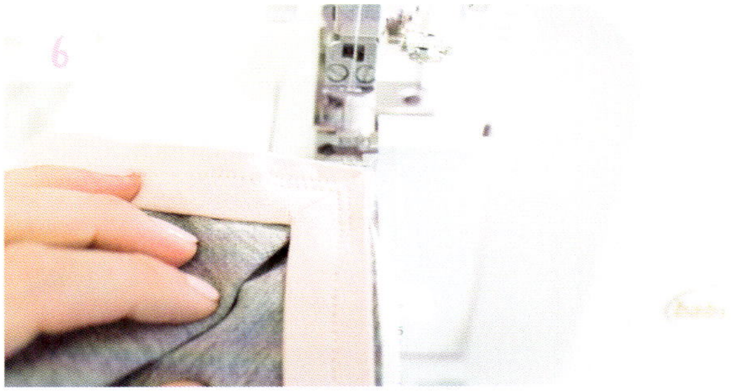

5. Nähe erst an einer Seite ein kleines Stück fest. Schneide die Mitte des Ausschnitts innerhalb der Nahtzugabe vorsichtig ein! Ziehe das Bündchen nach rechts und fixiere es mit ein paar Stichen. Kontrolliere die Spitze von der rechten Seite – ist sie korrekt gearbeitet, kannst du das restliche Halsbündchen mit einer elastischen Naht festnähen.

6. Du kannst den Ausschnitt nun noch mit einer Versäuberungsnaht versehen. Beginne dabei immer an einer Seite der V-Spitze.

7. Bügle die Naht am Halsausschnitt gut aus, sie kann nach Belieben knappkantig von rechts abgesteppt werden. Achte hierbei auf den Füßchendruck der Nähmaschine: Damit sich der Ausschnitt später nicht wellt, solltest du den Druck etwas reduzieren.

HÜFTBÜNDCHEN ANNÄHEN

1

2

3

4

5

Tipp

Beim Hüftbündchen für die Jogging-Pants auf Seite 58 verfährst du genauso. Achte bei Schritt 4 darauf, dass die offenen Seiten des Bündchens mit der oberen Kante der Pants abschließen.

1. Lege das Hüftbündchen mit der rechten Stoffseite nach oben auf die Arbeitsfläche.
2. Lege den Bündchenstreifen an den schmalen Seiten rechts auf rechts aufeinander und nähe ihn zum Ring zusammen.
3. Falte das Bündchen nun links auf links längs mittig, sodass die Naht innen liegt und die offene Seite nach oben zeigt. Der Stoffbruch zeigt nach unten.
4. Vorder- und Rückteil sind bereits zusammengenäht. Lege den Bund zwischen die rechten Seiten des auf links gewendeten Oberteils. Die offenen Kanten des Bündchens schließen dabei mit der Saumkante ab. Stecke Bündchen und Oberteil an den Markierungen (VM, HM, Seitennähte) aufeinander.
5. Nähe das Hüftbündchen ringsum leicht gedehnt an die Saumkante des Oberteils.

ELASTISCHES EINFASSBAND

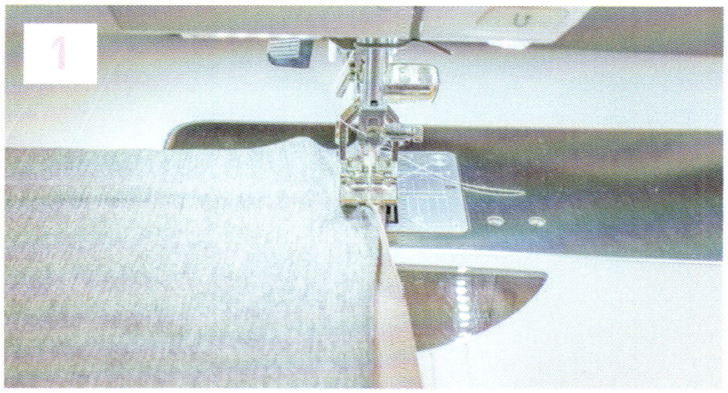

2

1. Elastisches Einfassband ist super geeignet, um Ausschnitte von Tops oder Shirts einzufassen, auch Ärmel lassen sich damit schön abschließen. Falte das elastische Einfassband mittig und schiebe den Jerseystoff genau bis zur Mittellinie dazwischen.
2. Am besten lässt man am Anfang der Einfassung ein Stück Band überstehen. Lege das Band unter das Nähmaschinenfüßchen und nähe es an der Kante mit einem Zickzackstich fest. Dabei sollte die Bandkante etwa in der Stichmitte liegen. Näherfahrene können auch mit einem Geradstich arbeiten.

RAFFEN MIT FRAMILONBAND

1

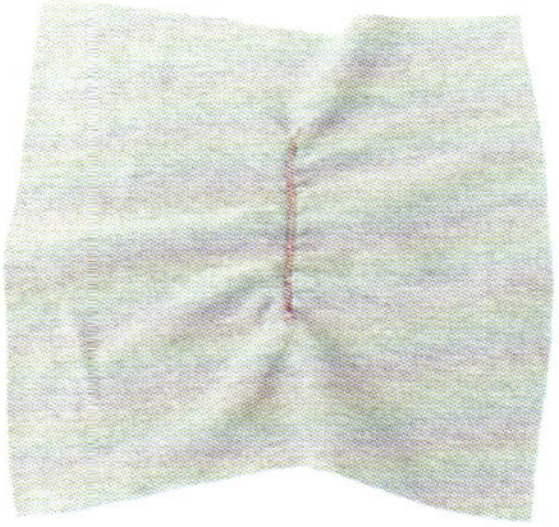

2

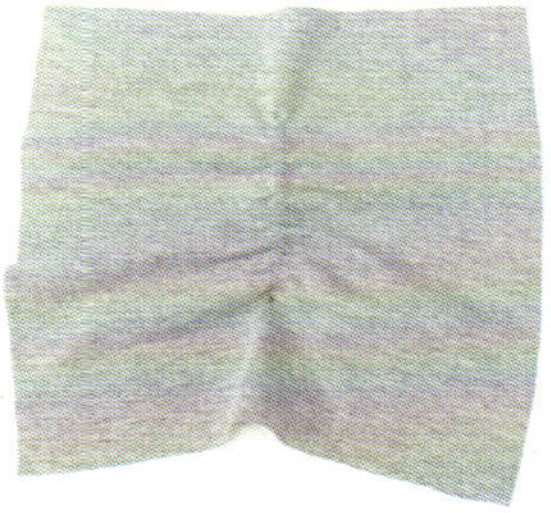

1. Mit Framilonband kann man leicht Stoffe raffen, besonders wenn es nur Teilbereiche sein sollen. Schneide das Band in entsprechender Länge zu.
2. Lege das Band unter das Nähfüßchen, senke die Nadel ab, beginne langsam zu nähen und dehne dann nach ein bis zwei Stichen das Framilonband. Am besten wird es mit einem Zickzackstich festgenäht, damit die Elastizität erhalten bleibt.

EINFASSUNG MIT KNOPFLEISTE

1. Falte das Vorderteil an der Bruchlinie und schneide es am Ausschnitt bis zur Markierung ein. Verstärke das Ende mit einem Stück Vlieseline und schneide dort schräg exakt 0,5 cm links und rechts ein, sodass ein kleines Dreieck entsteht. Lege das Vorderteil rechts auf rechts auf das Rückteil und schließe die Schulternähte mit Versäuberungsstichen.
2. Falte das Halsbündchen der Länge nach links auf links und versäubere nach Belieben die offenen Kanten zusammen. Dieser Schritt ist optional, denn der Stoff franst nicht. Stecke den Streifen mit den Kanten bündig so an die Ausschnittkante, dass er am Einschnitt ein Stück übersteht.

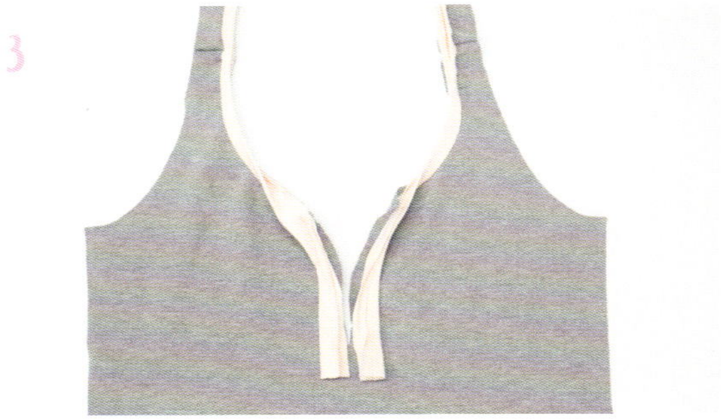

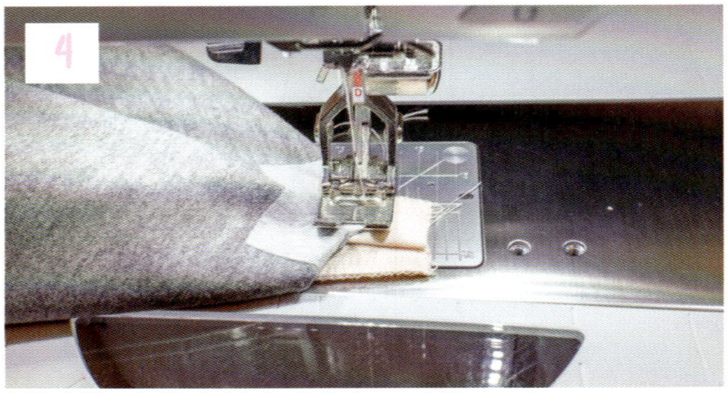

3. Nähe den Streifen nun ganz leicht gedehnt mit 0,5 cm Randabstand an den Halsausschnitt. Achte darauf, den Streifen im Bereich des Bogens nicht zu dehnen. Verwende einen elastischen Stich der Nähmaschine. Die Naht sollte exakt beim diagonalen Einschnitt beginnen und enden. Kürze ggf. den Streifen am Einschnittende auf die gleiche Länge.
4. Schiebe die losen Enden des Streifens nun vorsichtig nach innen auf die linke Stoffseite, ebenso das kleine Stoffdreieck. Stecke die losen Enden und das Dreieck von links exakt übereinander und nähe sie nun direkt am Einschnitt mit einer kurzen Quernaht zusammen. Wenn du möchtest, kannst du die Enden noch einkürzen und versäubern.

KORDELENDEN EINFASSEN

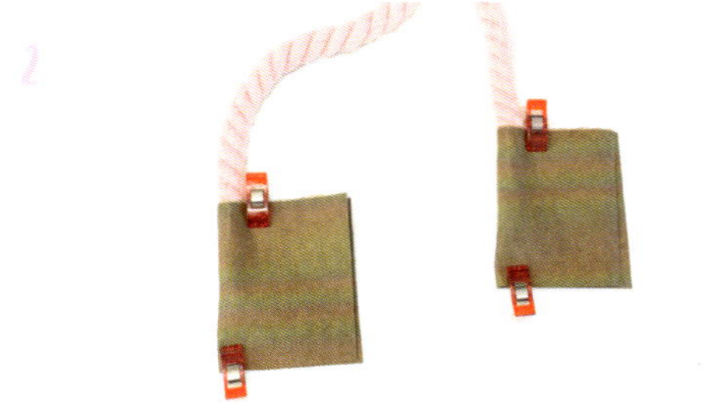

1. Umwickle die Kordelenden fest mit einem kleinen Stück Klebeband. Schneide zwei ca. 8 x 8 cm große Stücke aus SnapPap oder Leder zu. Verteile genau mittig auf jedem Lederstück einen Streifen Klebstoff. Lege die Kordelenden jeweils in diesen Kleberstreifen. Achte darauf, dass der Abstand zum oberen Rand bei beiden Kordeln gleich bleibt, damit die Enden später gleich lang sind.
2. Falte den Lederstreifen jeweils mittig über dem Kordelende zusammen. Drücke das SnapPap- oder Lederstück fest an die Kordel und fixiere es dicht an der Kordel mit Wonderclips.

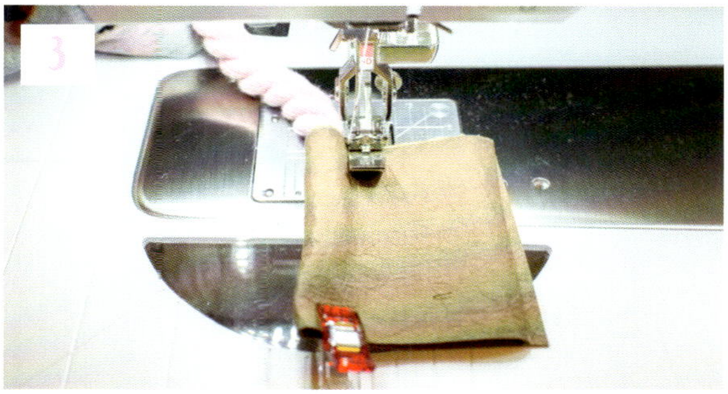

3. Setze einen Reißverschlussfuß in die Nähmaschine ein, damit kannst du viel dichter an der Kordel nähen. Setze die Nadel so weit wie möglich nach links und beginne am oberen Kordelende mit Geradstichen. Am unteren Kordelende senkst du die Nadel ab, hebst das Nähfüßchen, drehst das Lederteil, senkst anschließend wieder das Nähfüßchen und nähst das kurze Stück quer über die Kordel ab. Sichere dabei den Anfang und das Ende der Naht mit einigen Stichen.
4. Zum Schluss kannst du den Kordelüberstand knappkantig neben der Naht abschneiden.

ÖSEN EINSCHLAGEN

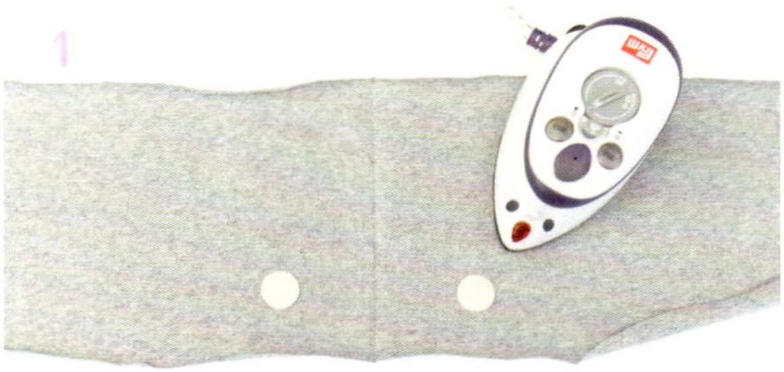

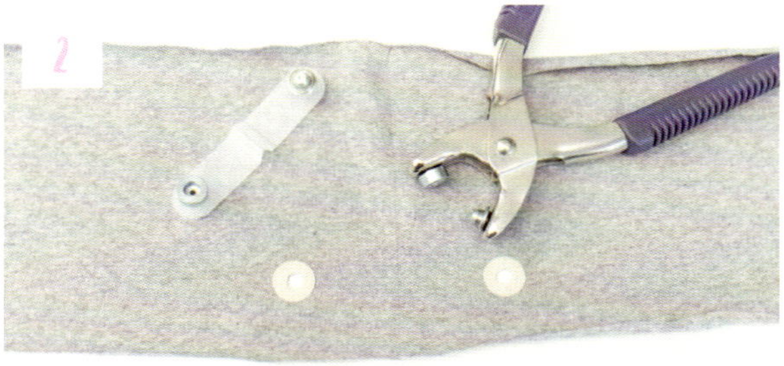

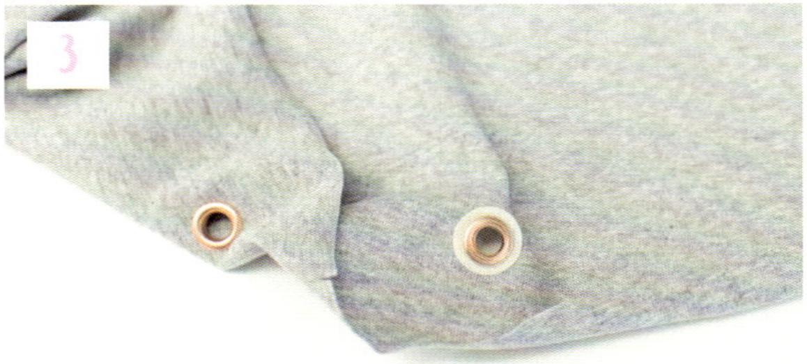

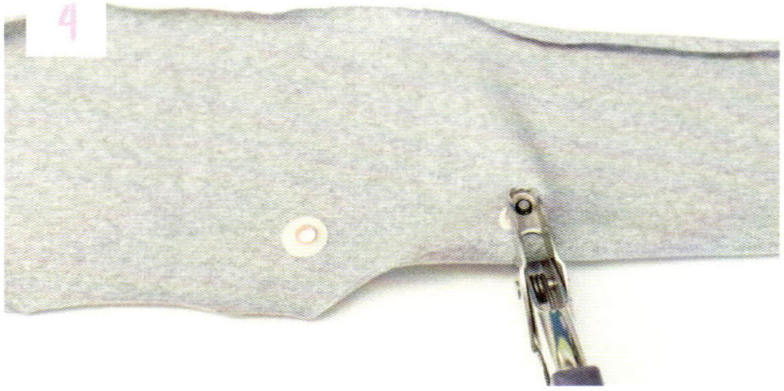

1. Ösen sind in vielen Ausführungen und Farben erhältlich. Sie dienen nicht nur als Verschluss, sondern können auch jedes Kleidungsstück etwas aufpeppen. Markiere die Stelle auf der linken Seite auf dem Stoff. Verstärke diesen Bereich mit einem kleinen Vliesquadrat oder einem Wonderdot.
2. Setze nun das Schneidewerkzeug in den Einsatz oder in die Zange ein. Stanze damit genau mittig das Loch für die Öse hinein.
3. Setze die Öse in das Loch ein. Die Außenrundung der Öse sitzt auf der rechten Stoffseite. Auf der linken Seite wird der Ring auf den Ösenhals geschoben. Die Wölbung des Rings liegt dabei oben.
4. Setze die Press-Werkzeuge in die Zange ein. Lege die Ösenteile ein und drücke oder schlage sie dann kräftig ein.

Tipp

Es ist immer ratsam, eine Probe-Öse an einem Stoffrest anzubringen, bevor man das Kleidungsstück damit verziert.

DRUCKKNÖPFE ANBRINGEN

Als schnelle Verschluss-Alternative bieten sich Druckknöpfe an. Für Maschenware solltest du unbedingt spezielle Jersey-Druckknöpfe mit Zacken verwenden, die sich durch den Stoff drücken und ins Gegenstück hineingebogen werden. Diese Druckknöpfe können mit einer dazugehörigen Zange oder dem mitgelieferten Werkzeug in den Stoff eingearbeitet werden. Eine genaue Anleitung des Herstellers findest du meist auf der Packung.

1. Markiere die Stellen, an deren die Druckknöpfe angebracht werden sollen. Vor allem sehr dünne Jerseystoffe sollten vorher mit passender Einlage verstärkt werden (siehe Seite 12). Befestige zuerst den Druckknopf mit der Wölbung.
2. Lege die andere Seite passgenau auf diesen Druckknopf und markiere durch Aufdrücken des Knopfs die Stelle, an der das zweite Teil gesetzt werden soll. Befestige den zweiten Teil des Druckknopfs.

MATRATZENSTICH

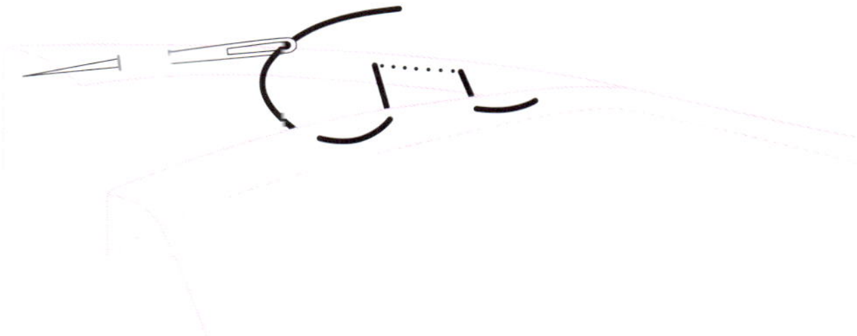

Mit dem Matratzenstich kann man zwei Bruchkanten fast unsichtbar schließen. Verwende den Faden doppelt und sichere den Knoten innerhalb der Bruchkante. Stich dort die Nadel aus und an der gegenüberliegenden Bruchkante wieder ein. Schiebe die Nadel etwa 0,5 cm durch die Bruchkante. Führe die Nadel auf diese Weise von einer Kante zur nächsten und immer etwa 0,5 cm durch die Bruchkante. Wiederhole die Stiche, bis die Naht geschlossen ist. Vernähe den Faden sorgfältig.

PASPEL NÄHEN

1

2

1. Mit farbigem Paspelband kann man tolle Effekte an Auschnittkanten oder Tascheneingriffen erzeugen. Die Verarbeitung ist ganz leicht. Du legst dein Paspelband dafür rechts auf rechts an die Außenkante und nähst direkt im Schatten der Paspel (Wulst). Bei Rundungen solltest du dein Band ein wenig einschneiden. Es gibt auch elastische Paspeln, die bei Rundungen nicht eingeschnitten werden.
2. Das Band wird dann links auf links zurückgeschlagen und kann je nach Wunsch knappkantig von rechts abgenäht werden.

BEVOR ES RICHTIG LOSGEHT

Bevor du dich auf die vielen wunderschönen Projekte stürzt, lies dir diese letzten Tipps und Informationen zum Arbeiten mit Schnittmustern noch einmal genau durch. Danach steht deiner Nähwut aber wirklich nichts mehr im Wege – und es kann endlich losgehen!

STOFFVERBRAUCH

Die angegebenen Stoffmengen beziehen sich auf Jerseys mit einer Breite von 140 cm. Sollte dein Stoff schmaler oder breiter sein, kann die benötigte Menge variieren. Auch wenn du beim Zuschneiden auf einen speziellen Musterverlauf achten musst, brauchst du eventuell etwas mehr Stoff. Die Spannbreite bei den Mengenangaben ergibt sich durch das Auflegen der Schnittteile auf dem Stoff. Bei den kleineren Größen passen die Teile häufig nebeneinander auf die 140 cm breite Stoffbahn, während sie in den größeren Größen untereinander gelegt werden müssen.

NAHTZUGABEN

Den Schnittmustern in diesem Buch sind keine Nahtzugaben hinzugefügt. Auf diese Weise kannst du eine Nahtzugabe auswählen, die deiner bevorzugten Nähweise am besten entspricht. Nähst du viel und gern mit der Overlock, fügst du den Schnittmustern am besten 0,7–0,8 cm zu, beim Nähen mit der Haushaltsnähmaschine ist eine Zugabe von 1 cm üblich. Auch die Saumzugabe ist nicht im Schnitt enthalten, stimme sie auf das Modell und den Stoff ab, für die Schnitte im Buch genügen meist 2 cm.

SCHWIERIGKEITSGRADE

EINFACH

MITTEL

SCHWER

Beim Nähen muss die Nahtzugabe gleich breit bleiben, d. h., es sollte immer in gleichmäßigem Abstand zur Außenkante des Stoffs genäht werden. AnfängerInnen können es hilfreich finden, sich die Nahtlinien vor dem Nähen anzuzeichnen und dann entlang dieser Linien zu nähen. Wenn deine Nahtzugabe so breit ist wie die Overlocknaht oder das halbe Nähmaschinenfüßchen der Haushaltsnähmaschine (das sind meist 0,7–0,8 cm), kannst du beim Nähen den rechten Füßchenrand genau an der Außenkante des Stoffs entlangführen – man nennt das „füßchenbreit" nähen. Nach dem Zusammennähen verschwinden die Nahtzugaben im Inneren des Kleidungsstücks.

Saumzugaben

Saumzugaben werden an den unteren Kanten des Schittteils hinzugefügt, also am unteren Ende von Vorder- und Rückteil sowie an den Unterkanten der Ärmel und an Säumen von Hosen. Ich persönlich verwende bei geraden Säumen sehr gern eine Saumzugabe von 2 cm – hiermit kann man gut einen einfachen Umschlag-Saum arbeiten. Je nach persönlicher Vorliebe kannst du die Saumzugabe aber auch breiter zuschneiden. Gerundete Säume lassen sich leichter umnähen, wenn du eine schmalere Saumzugabe – z. B. 1,5 cm – verwendest. Willst du an den Saum deines Oberteils ein Bündchen nähen, musst du keine breite Saumzugabe einplanen, sondern nur eine Nahtzugabe hinzufügen.

Offene Säume oder mit Einfassband versäuberte Säume (siehe Seite 37) benötigen keine Saumzugabe.

Tipp

Wenn du dir beim Zuschneiden noch nicht sicher bist, welche Länge dein T-Shirt haben soll, solltest du die Saumzugabe großzügig bemessen. Nach der Anprobe kannst du sie dann problemlos einkürzen.

ZUSCHNEIDEN

Schnittmusterteile auflegen

Um den Papierschnitt auf den Stoff zu übertragen, kannst du ihn vorsichtig mit feinen Stecknadeln befestigen oder ihn mit Gewichten beschweren, damit nichts mehr verrutschen kann.

Im Stoffbruch zuschneiden

Schnittteile, die im sogenannten Stoffbruch zugeschnitten werden, legst du mit der Bruchkante (bei T-Shirts die vordere oder die hintere Mitte) an die Stoffbruchkante an. Das ist der Falz, der entsteht, wenn du den Stoff – entlang des Fadenlaufs – rechts auf rechts zusammenlegst. Das Schnittmuster muss direkt an der Stoffbruchkante anstoßen, hier wird also keine Nahtzugabe hinzugefügt. Wird im Stoffbruch zugeschnitten, schneidest du durch beide Stofflagen gleichzeitig – nach dem Aufklappen des Stoffs erhältst du ein zusammenhängendes, an der Bruchkante symmetrisch gespiegeltes Schnittteil.

Fadenlauf beachten

Achte unbedingt darauf, die Papierschnitte so auf dem Stoff aufzulegen, dass der eingezeichnete Fadenlauf mit dem Faden- bzw. Maschenlauf des Stoffs übereinstimmt. Das ist wichtig, damit dein T-Shirt später in die richtige Richtung dehnbar ist.
Bei Maschenware verläuft der Fadenlauf senkrecht zur Maschenreihe, also von oben nach unten. Ziehst du den Jersey in der Breite etwas auseinander, kannst du die von oben nach unten verlaufenden feinen Rippen erkennen – und zwar entlang des Fadenlaufs. Quer zum Fadenlauf lässt sich Jersey am meisten dehnen – das fertige T-Shirt soll ja auch in der Breite dehnbar sein, damit es sich dem Körper anpasst.

Muster beachten

Bei gemusterten Stoffen achte außerdem darauf, dass du die Schnittvorlagen so auf dem Stoff platzierst, dass sich ein vorteilhafter Musterverlauf ergibt, also ein Motiv z. B. in der Mitte eines Schnittteils liegt. Die Mitte des Motivs oder Musters sollte bei Vorder- und Rückteil mit der Stoffbruchkante zusammentreffen. Kopfmuster sind Motive, die immer nach oben zeigen müssen. Achte bei Stoffen mit Prints und Mustern also darauf, den Stoff richtig herum zuzuschneiden. Anderenfalls stehen die Motive später auf dem Kopf. Wenn du ein Streifen-T-Shirt nähen möchtest, achte schon beim Zuschnitt darauf, dass die Streifen an den Seitennähten aufeinandertreffen. Falte also für das Übertragen der Schnittmuster den Stoff in den Bruch und überprüfe, ob an der Seitenkante die Streifen (oder ein anderes regelmäßiges Muster) genau übereinanderliegen. Achte darauf, dass der Achselpunkt des Vorderteils genau an einem der Streifen beginnt. Schneide zuerst das Vorderteil zu und lege es beim Zuschneiden des Rückteils daneben. So

Projekte

Beanie

Eine coole Beanie für alle Gelegenheiten – mit dem extrabreiten Umschlag und den pfiffigen Plott-Motiven ist sie immer ein stylischer Hingucker!

Du brauchst:

- Bündchenware (feste Qualität) oder Rippstrick in Pink oder Grau: 55 cm
- ggf. Filzreste für den Plott als Untergrund
- Plott: „Herz" oder „Cosy" (Vorlage zum Download unter www.emf-verlag.de/produkt/alles-jersey-soft-and-cosy/)

Zuschneiden:

AUS BÜNDCHENWARE ODER RIPPSTRICK:

1 x Mütze (SB 2) im Bruch

1 x Umschlag (SB 2) im Bruch

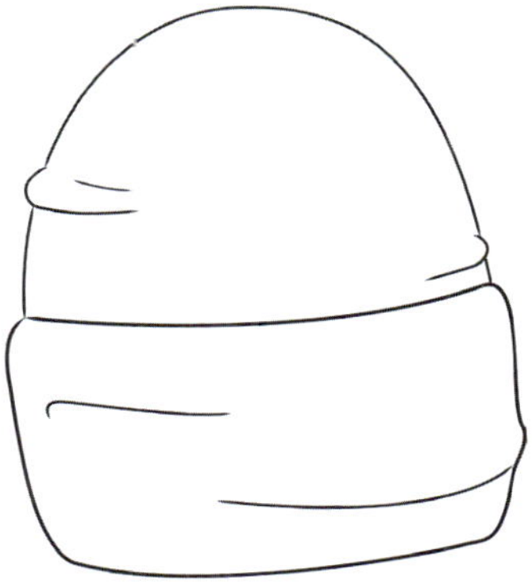

Los geht's

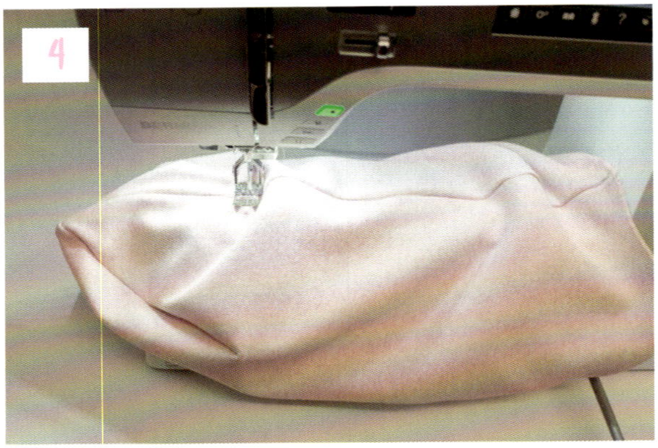

1. Lege das Mützenteil und den Umschlag jeweils an der hinteren Mitte rechts auf rechts und schließe diese mit Overlock- oder Zickzackstichen.
2. Falte das Mützenteil so, dass die hintere Naht nun mittig liegt und die Rundungen der Spitze genau aufeinander. Schließe die obere Rundung rechts auf rechts mit Overlock- oder Zickzackstichen.
3. Stecke den Umschlag und das Mützenteil links auf links, dabei sollten die hinteren Nähte aufeinandertreffen. Nähe sie an der Unterkante mit Overlock- oder Zickzackstichen zusammen.
4. Wende die Mütze nach rechts und steppe den Umschlag ganz knapp an seiner unteren offenen Kante von rechts ab.

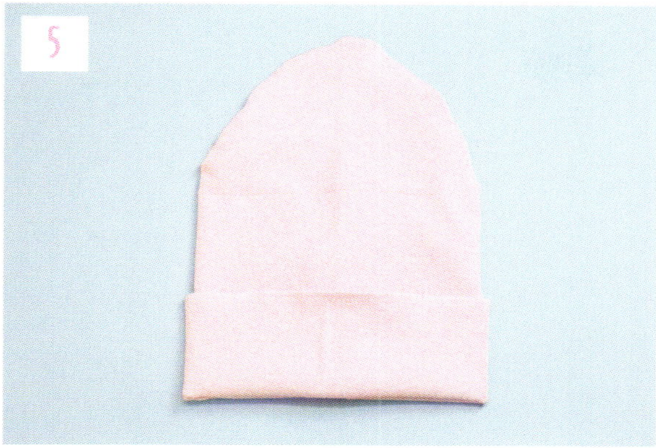

5. Schlage den Umschlag einmal in seiner Breite um.
6. Zum Schluss schlägst du den Umschlag noch einmal in der Breite um. Jetzt kannst du deine Beanie noch mit einem Plott verzieren. Diesen kannst du hier www.emf-verlag.de/produkt/alles-jersey-soft-and-cosy/ herunterladen.

Tipp

Besonders toll sehen die Plotts auf einem Filzrechteck aus, das auf den Umschlag aufgenäht wird.

soft
&
cosy

Oversize-Shirt

Ein Oversize-Shirt sollte nie in deinem Kleiderschrank fehlen. Dieses hat eine schöne Rundung am Rückteil und einen großen Halsausschnitt. Da darf auch mal die Schulter rausblitzen.

Du brauchst:

- Viskose-Jersey oder Slub-Jersey in Schwarz-Weiß-gestreift:
  Gr. 32–40: 150–160 cm
  Gr. 42–46: 160–165 cm
- Plott: „Soft & Cosy" (Vorlage zum Download unter www.emf-verlag.de/produkt/alles-jersey-soft-and-cosy/)
- SnapPap-Rest
- 1 x Öse, Ø 8 mm

Zuschneiden:

AUS JERSEY:

- 1 x Vorderteil (SB 1) im Bruch
- 1 x Rückteil (SB 1) im Bruch
- 2 x Ärmel (SB 1) gegengleich
- 1 x Halsstreifen (SB 1) im Bruch

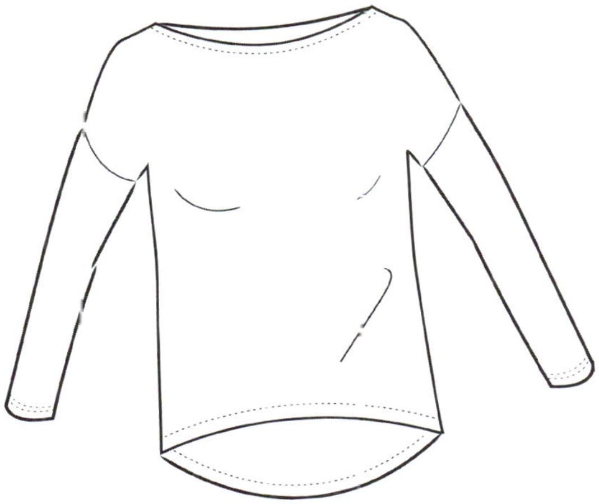

Los geht's

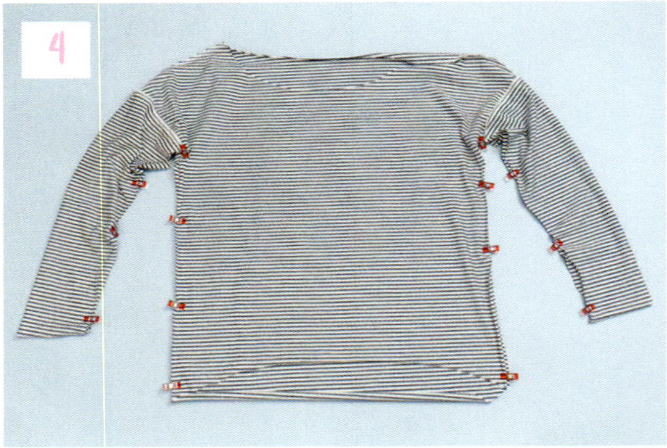

1. Ganz nach Belieben kannst du dein Vorderteil mit einem Schriftzug verzieren. Wir haben ein Plott für dich zum Download (www.emf-verlag.de/produkt/alles-jersey-soft-and-cosy/) bereitgestellt.
2. Lege das Vorderteil rechts auf rechts auf das Rückteil und schließe die Nähte an den Schultern mit einem Overlock- oder Zickzackstich.
3. Falte die beiden Teile wieder auseinander und nähe jeweils die Ärmel rechts auf rechts an die Armausschnitte, ebenfalls mit einem Overlock- oder Zickzackstich. Achte darauf, dass die Markierungen gemäß Schnitt übereinstimmen.
4. Lege das Shirt wieder rechts auf rechts und schließe die Ärmel- und Seitennaht jeweils fortlaufend mit einem Overlock- oder Zickzackstich.

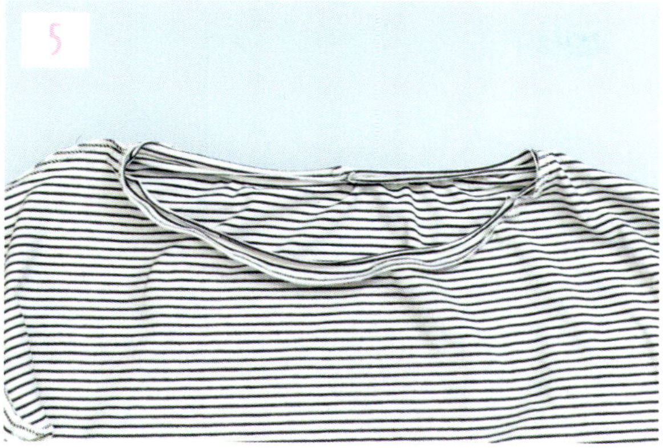

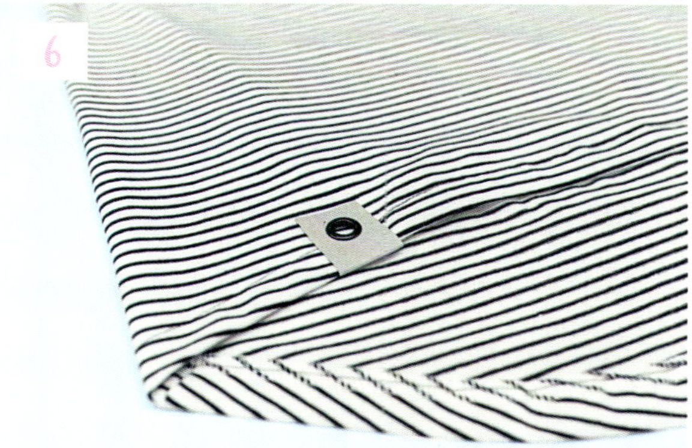

5. Nähe das Halsbündchen wie im Grundlagenteil beschrieben fest (siehe Seite 33).
6. Zum Schluss wird das Shirt noch an der unteren Kante und den Ärmeln gesäumt (siehe Seite 31). Wenn du möchtest, kannst du dein Shirt noch mit einem Riegel aus SnapPap und einer Öse verzieren (siehe Seite 40).

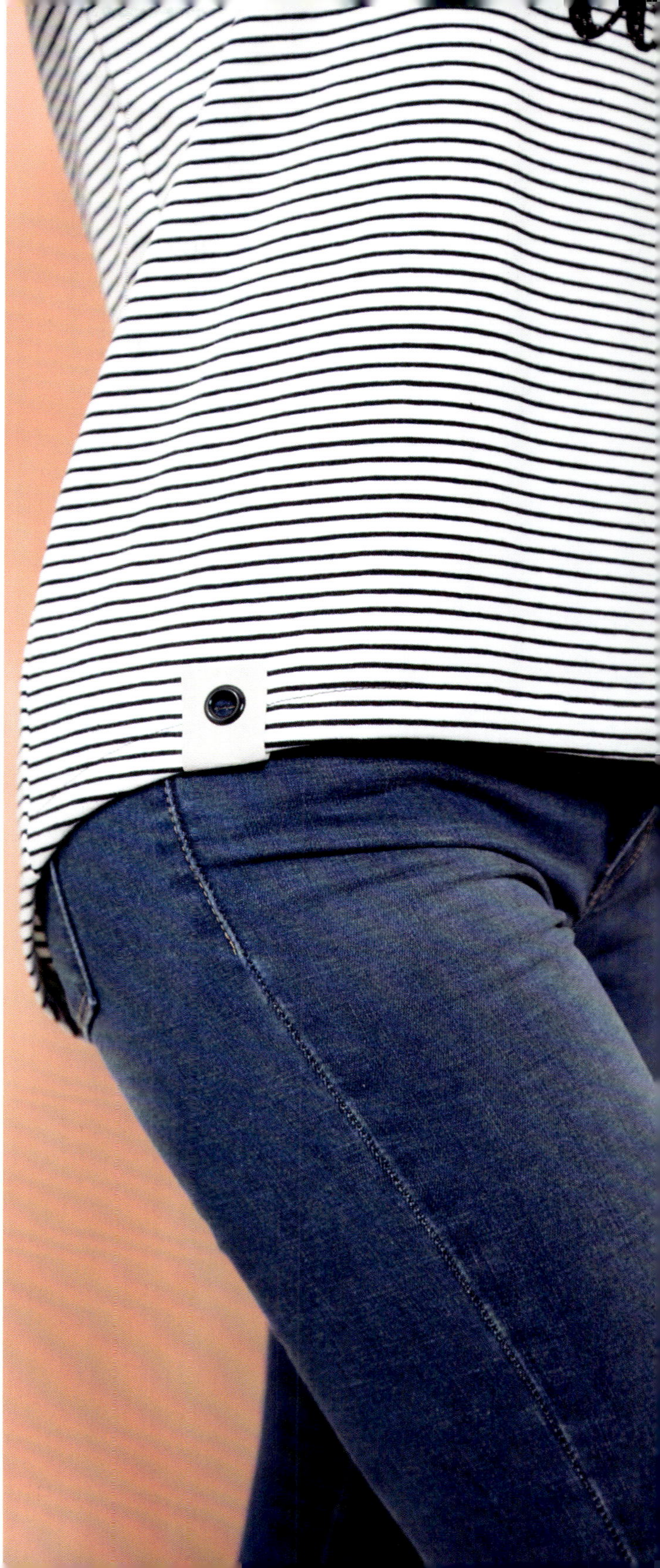

Jogging-Pants

Modern geschnittene Jogging-Pants mit Gemütlichkeitsfaktor: Ein leicht vertiefter Schritt, seitlich schräge Eingrifftaschen und breite Saumbündchen betonen die sportliche Optik.

Du brauchst:

- Sweat mit Elasthan oder Sommersweat in Grau-Melange:
  Gr. 32–40: 105–125 cm
  Gr. 40–46: 125–170 cm
- ggf. Jersey oder auch Sweat für die Taschenbeutel: 20 cm
- Paspelband für die Tascheneingriffe in Bordeaux, 50–60 cm (optional)
- Bündchenware: Gr. 32–40: 45–60 cm
  Gr. 40–46: 45–60 cm
- Gummiband, 5 cm breit: in der Länge der Hüftweite
- 2 x Ösen, Ø 8 mm
- Kordel oder Satinband: 1,5–1,8 m

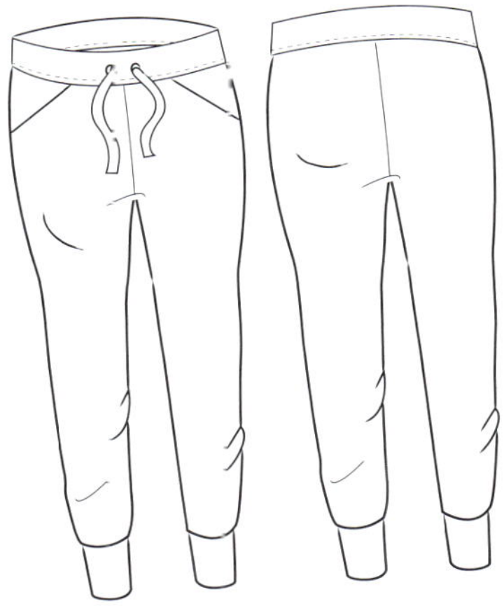

Zuschneiden:

AUS SWEAT:

- 2 x vorderes Hosenteil (SB 3) gegengleich
- 2 x hinteres Hosenteil (SB 8) gegengleich
- 2 x vorderer Taschenbeutel (SB 7) gegengleich

AUS JERSEY:

- 2 x hinterer Taschenbeutel (SB 7) gegengleich

AUS BÜNDCHENWARE:

- 1 x Bund (SB 8) im Bruch
- 2 x Saumbündchen (SB 8) im Bruch

Los geht's

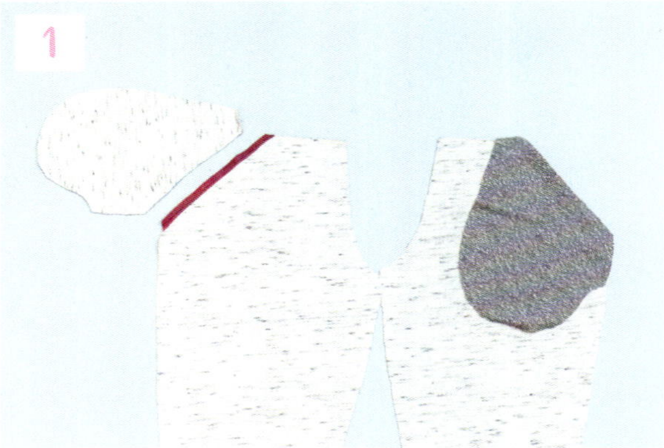

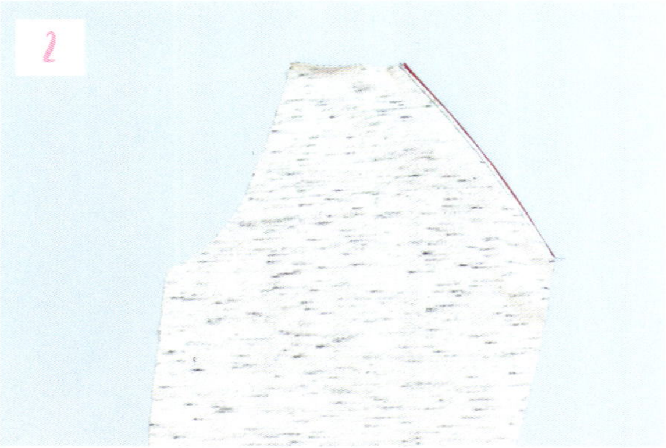

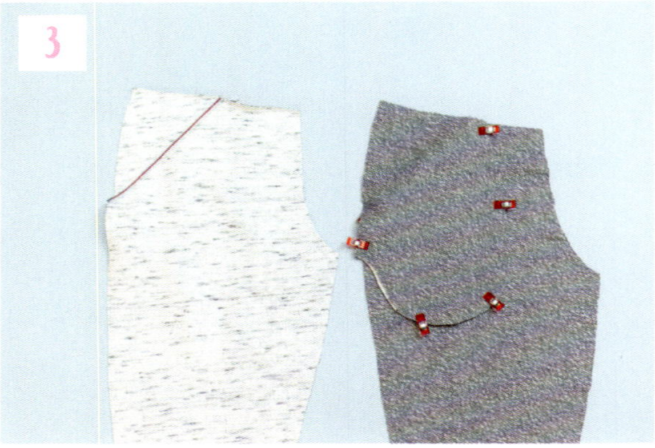

1. Nach Belieben kannst du am Tascheneingriff ein Paspelband anbringen (siehe Seite 42). Dafür nähst du das Paspelband rechts auf rechts an die Kante. Lege dann den inneren Taschenbeutel rechts auf rechts an die Eingriffkante und nähe ihn fest.
2. Schlage den Taschenbeutel nach links um, bügle die Nahtkante aus und steppe den Eingriff dann knappkantig von rechts ab.
3. Lege den äußeren Taschenbeutel rechts auf rechts gemäß Schnittmuster auf den inneren Taschenbeutel und nähe sie entlang der Rundung mit einem Versäuberungstich zusammen.
4. Lege die vorderen Hosenteile rechts auf rechts und nähe sie mit einem Versäuberungsstich entlang der vorderen Mitte (Schrittnaht) zusammen.

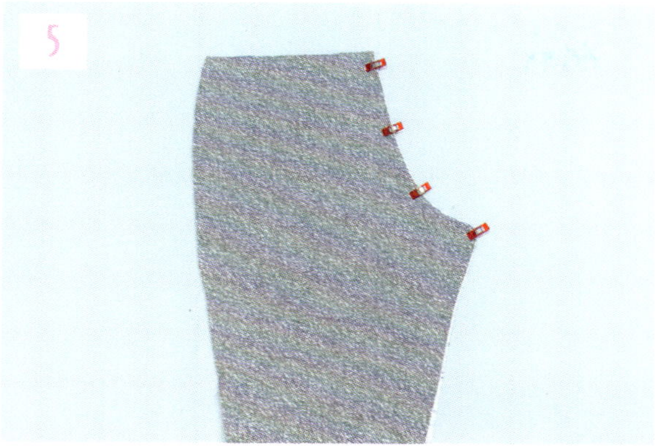

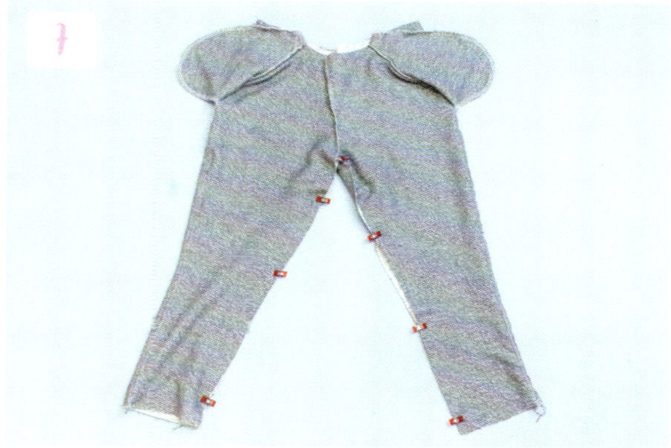

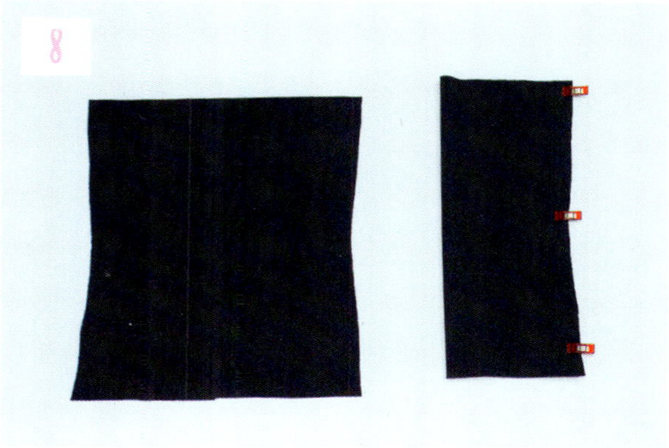

5. Lege nun die hinteren Hosenteile rechts auf rechts und nähe sie mit einem Versäuberungsstich entlang der hinteren Mitte zusammen.

6. Wenn du möchtest, kannst du nun die Seitennähte jeweils mit einer Kontrastnaht zusammennähen, z. B. mit einer Covernaht. Falte das vordere und das hintere Hosenteil jeweils auseinander und lege sie an den Seiten bündig rechts auf rechts. Schließe die Seitennähte mit einem Versäuberungsstich.

7. Lege dann die Teile an den Beininnenseiten rechts auf rechts und schließe die Naht in einem Arbeitsgang, ebenfalls mit einem Versäuberungstich.

8. Nun werden die Saumbündchen genäht: Lege die Bündchen jeweils an der leicht gebogenen Seite rechts auf rechts und schließe die Naht, am besten mit einem elastischen Stich der Nähmaschine.

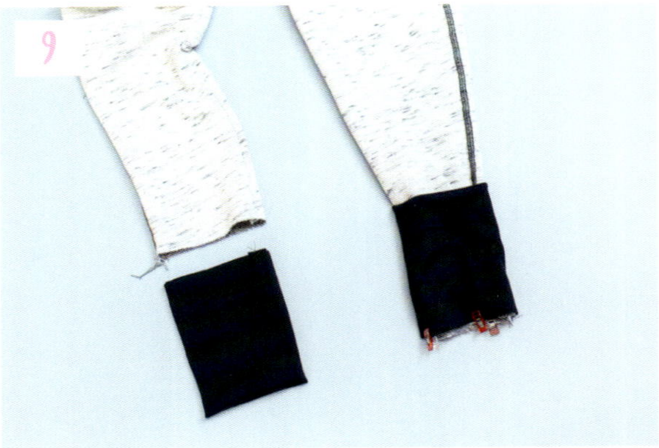

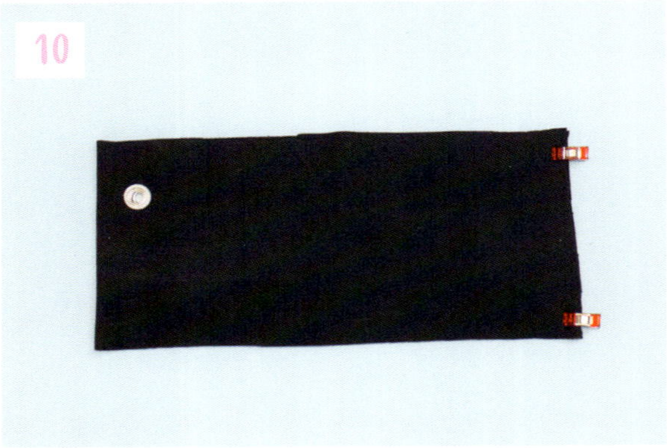

9. Bügle die Nahtzugaben auseinander, wende die Saumbündchen nach rechts, falte sie zur Hälfte und nähe die Bündchen jeweils rechts auf rechts an die Hosenbeine an.

10. Das Hüftbündchen wird genäht: Arbeite die Ösen ein (siehe Seite 40). Lege das Bündchen an den Schmalseiten rechts auf rechts und schließe die Naht, am besten mit einem elastischen Stich der Nähmaschine.

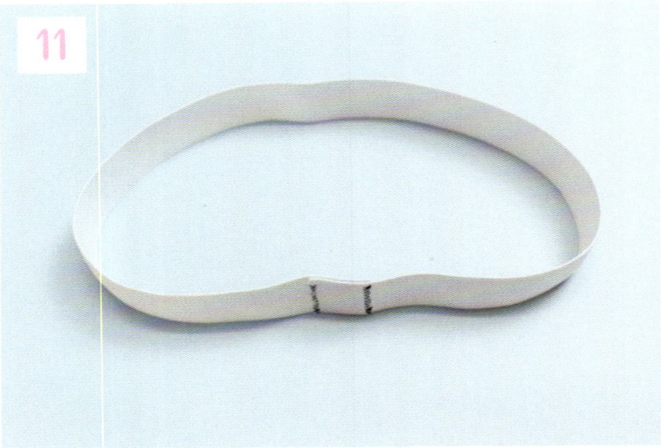

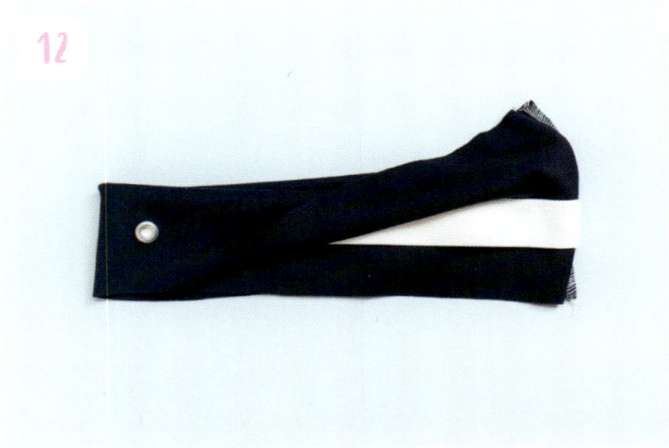

11. Prüfe die Länge des Gummibands, indem du es leicht gedehnt um deine Hüfte legst. Schneide es passend zu und lege die Enden übereinander. Nähe sie mit Zickzackstich fest, achte darauf, dass das Band nicht verdreht ist.

12. Wende das Hüftbündchen nach rechts und falte es zur Hälfte (Kante liegt auf Kante). Schiebe den Gummibandring in das Bündchen, die hinteren Mitten (Nähte) sollten aufeinandertreffen.

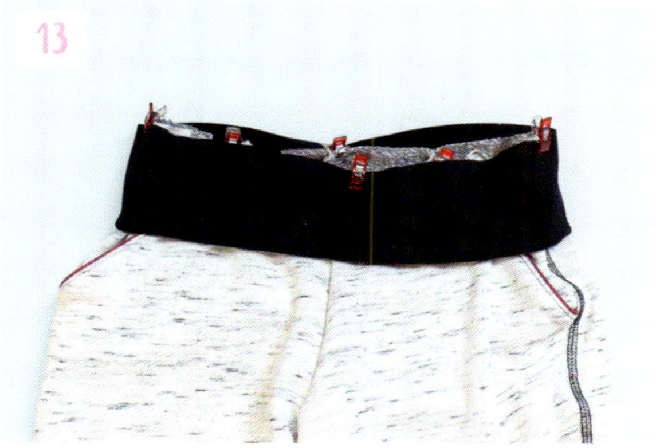

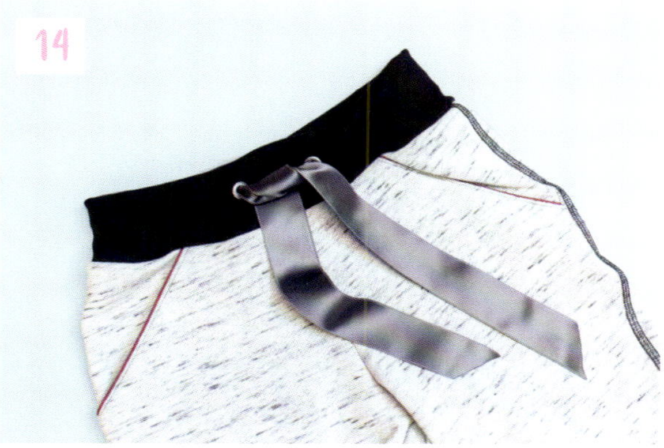

13. Stecke das Hüftbündchen rechts auf rechts an den oberen Rand der Hose. Achte darauf, dass die Ösen vorne mittig sitzen. Nähe den Bund dann mit einem Versäuberungsstich an.
14. Zum Schluss ziehst du noch das Band mit einer Sicherheitsnadel in den Bund ein. Fertig!

Sweat-Rock

Es gibt nicht nur coole Jogginghosen, sondern auch einen coolen Jogging-Rock! Und dieser hier kommt genauso sportlich daher wie seine zweibeinigen Kollegen.

Du brauchst:

- Sommersweat in Bordeauxrot:
  Gr. 32–40: 105 cm
  Gr. 40–46: 105–120 cm
- Bündchenware in Bordeauxrot: 55 cm
- Plott: „Sterne" (Vorlage zum Download unter www.emf-verlag.de/produkt/alles-jersey-soft-and-cosy/)

Zuschneiden:

AUS SOMMERSWEAT:

- 1 x Vorderrock (SB 8)
- 1 x Hinterrock (SB 8) im Bruch
- 1 x Bauchtasche (SB 8)
- 1 x Schlitzbeleg

AUS BÜNDCHENWARE:

- 1 x Bund (SB 8) im Bruch
- 2 x Eingriffsstreifen (SB 8)

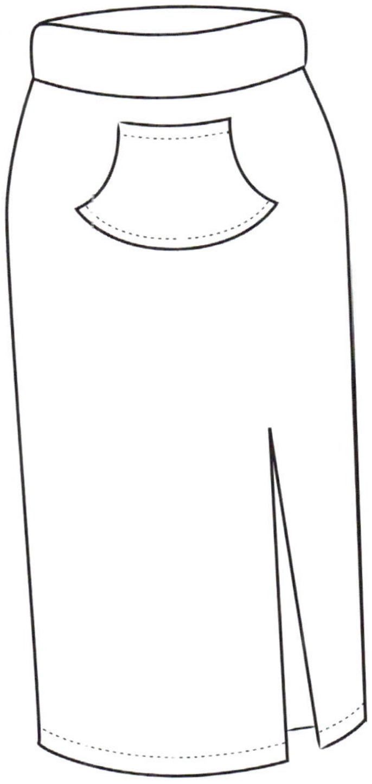

Los geht's

1. Falte die Eingriffstreifen entlang der Umbruchlinie jeweils links auf links. Stecke sie leicht gedehnt rechts auf rechts an die Eingriffe der Bauchtasche und nähe sie mit Overlock- oder Zickzackstich fest.
2. Bügle die Nahtzugaben der Tasche an Ober- und Unterkante (gebogen) um. Positioniere diese gemäß Schnittmuster auf dem vorderen Rockteil und stecke sie fest, damit beim Nähen nichts verrutscht. Nähe knappkantig entlang der eingeschlagenen Ober- und Unterkante. Sichere die Ecken der Eingriffe, indem du sie zusätzlich schräg abnähst.
3. Versäubere den Schlitzbeleg an den Außenkanten mit Overlock- oder Zickzackstich. Positioniere den Beleg rechts auf rechts auf dem vorderen Rockteil. Nähe ihn gemäß Schnittmuster fest und steppe ihn auch an den Schmalseiten parallel zum Saum fest. So ergibt sich später ein sauberer Abschluss.
4. Schneide den Schlitzbeleg ein und die Nahtzugaben zurück, wende die Schlitzenden am Saum nach rechts, dabei legt sich der Beleg automatisch links auf links.

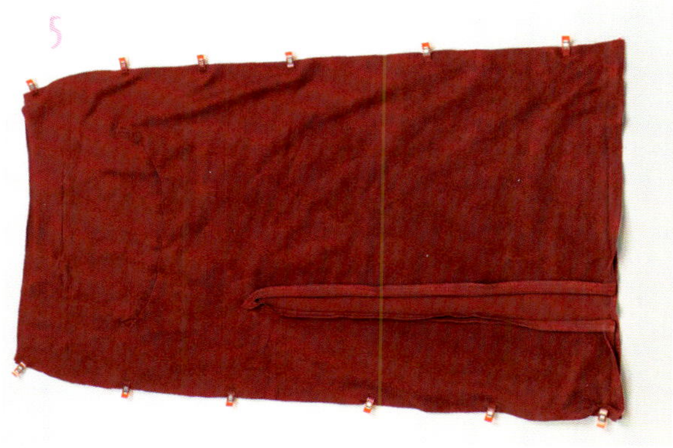

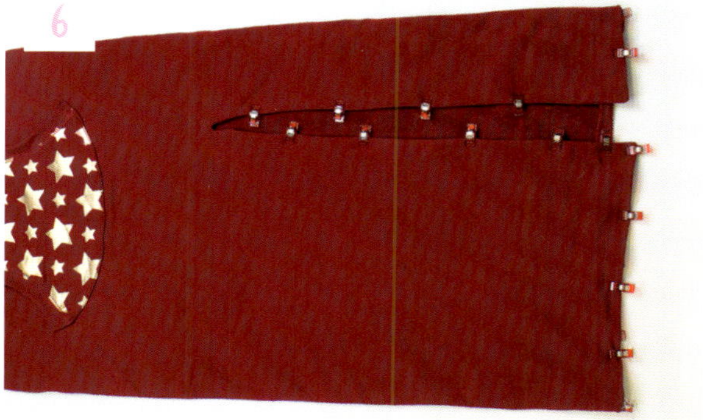

5. Lege das vordere Rockteil rechts auf rechts auf das hintere und schließe die Seiten mit einem Overlock- oder Zickzackstich.
6. Wende den Rock nach rechts und schlage den Rocksaum nach links um. Nähe den Beleg und den Saum fortlaufend fest (siehe Seite 31), dabei wird auch der Schlitzbeleg an den Enden erfasst.

7. Lege den Bund rechts auf rechts und schließe die gebogene noch offene Seite mit einem elastischen Stich der Nähmaschine. Bügle die Nahtzugabe auseinander und falte das Bündchen zur Hälfte links auf links.
8. Stecke den Bund gedehnt rechts auf rechts an den Rock, die Naht vom Bund trifft dabei auf die hintere Mitte vom Rock und nähe ihn mit Overlock- oder Zickzackstich fest.

Knopftop

Das Tank-Top macht ein besonders schönes Dekolleté durch seine Knopfleiste. Es ist figurnah geschnitten und ein toller Kombi-Partner. Die Knopfleiste erfordert etwas Geduld und Übung beim Nähen.

Du brauchst:

- Stretch-Jersey in Hellgrau: Gr. 32–46: 85 cm
- Stretch-Jersey in Rosa: 85 cm
- Vlieselinereste zum Verstärken
- 4 Kam-Snaps/Jersey-Druckknöpfe

Zuschneiden:

AUS STRETCH-JERSEY IN HELLGRAU:

1 x Vorderteil (SB 1) im Bruch

1 x Rückteil (SB 1) im Bruch

AUS STRETCH-JERSEY IN ROSA:

1 x Halsstreifen (SB 1) im Bruch

2 x Armlochstreifen (SB 1)

Los geht's

1

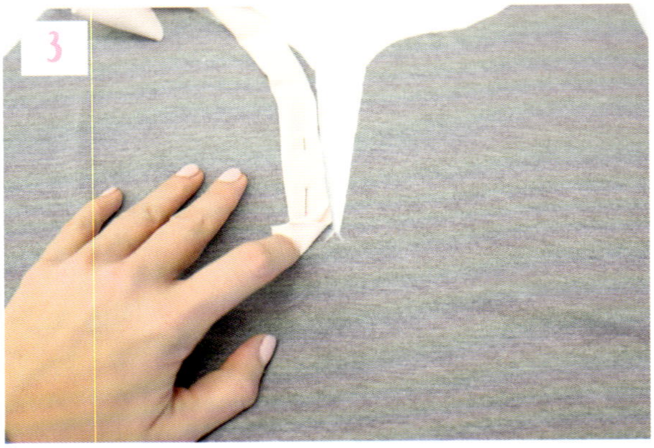

2

4

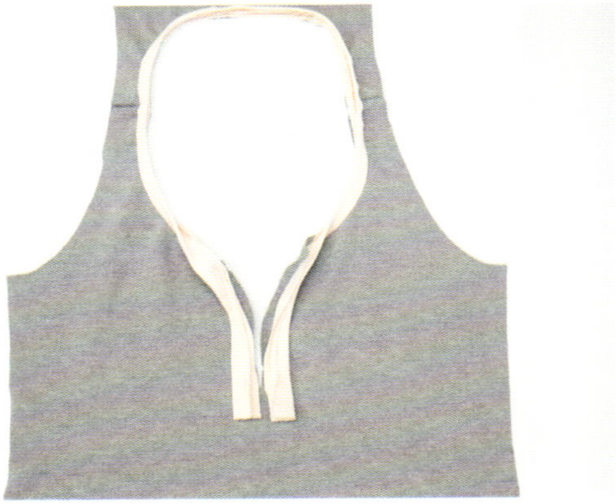

1. Falte das Vorderteil entlang der Bruchlinie und schneide es am Ausschnitt bis zur Markierung ein. Verstärke das Ende mit einem Stück Vlieseline und schneide dort schräg exakt 0,5 cm links und rechts ein, sodass ein kleines Dreieck entsteht.
2. Lege das Rückteil rechts auf rechts auf das Vorderteil und schließe die Schulternähte mit einem Versäuberungsstich.
3. Falte den Halsstreifen der Länge nach links auf links und versäubere nach Belieben die offenen Kanten zusammen. Dieser Schritt ist optional, denn der Stoff franst nicht. Stecke den Streifen mit den Kanten bündig so an die Ausschnittkante, dass er am Einschnitt ein Stück übersteht.
4. Befestige den Streifen nun ganz leicht gedehnt am Halsausschnitt (siehe Seite 38). Im Bereich des Bogens soll der Streifen nicht gedehnt werden.

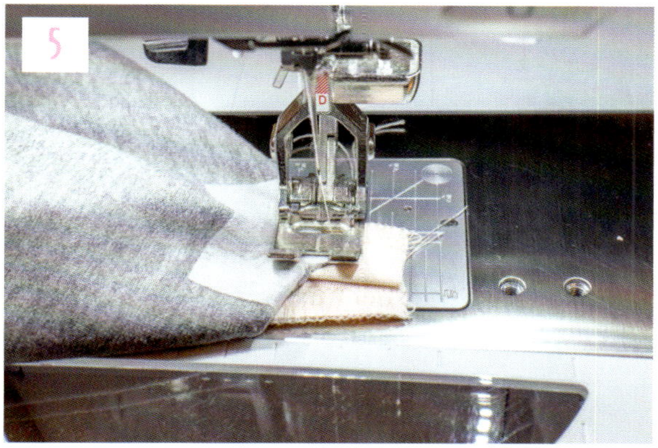

5. Verarbeite die losen Enden des Streifens nun wie im Grundlagenteil beschrieben (siehe Seite 38).
6. Lege das Vorderteil rechts auf rechts auf das Rückteil und schließe jeweils die Seitennähte mit einem Versäuberungsstich.
7. Fasse auch die Armausschnitte mit rosa Streifen ein (ähnlich wie den Halsausschnitt, siehe Seite 33) und nähe anschließend den Saum an der unteren Kante (siehe Seite 31).
8. Zum Schluss werden die Druckknöpfe befestigt. Der Abstand dazwischen darf nicht zu groß sein. Du solltest auf jeden Fall Jersey-Druckknöpfe verwenden, um ein späteres Ausreißen zu vermeiden.

Trägertop mit Raffung

Ein romantisches Top mit vielen kleinen Hinguckern wie Spitzenborte und feines Einfassband. Besonders schön ist es in Kombination mit dem schmalen Cardigan.

Du brauchst:

- Stretch-Jersey in Grau-Weiß-kariert:
  Gr. 32–40: 70–75 cm
  Gr. 40–46: 75 cm
- 2 x elastisches Einfassband in Rosa:
  Maße siehe Seite 70
- Framilonband zum Raffen: 10 cm
- Elastische Spitzenborte in Grau:
  Gr. 32–40: 35–100 cm
  Gr. 40–46: 100–110 cm

Zuschneiden:

AUS JERSEY:

1 x Vorderteil (SB 2) im Bruch
1 x Rückteil (SB 2) im Bruch

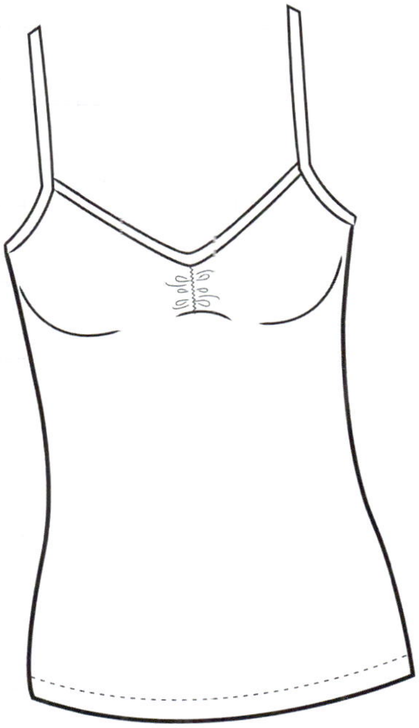

Los geht's

1

	Trägerlänge	VT Hals	RT Hals
32	46,8 cm	19 cm	20,1 cm
34	48,6 cm	19,8 cm	20,6 cm
36	50,4 cm	20,5 cm	21 cm
38	52,4 cm	21,2 cm	21,9 cm
40	54,4 cm	22,1 cm	22,7 cm
42	56,3 cm	23,3 cm	23,5 cm
44	58,7 cm	24,5 cm	24,4 cm
46	61,3 cm	25,6 cm	25,2 cm

3

2

4

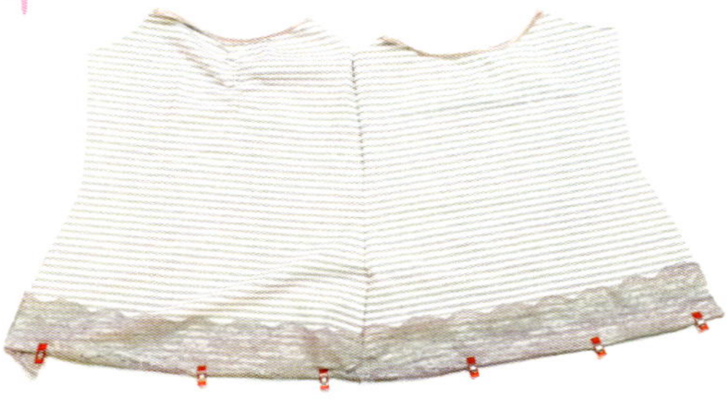

1. Dieser Tabelle kannst du die Länge des Gummibands entnehmen, das du zum Einfassen benötigst.
2. Zunächst nähst du oben mittig das Framilonband auf das Vorderteil (siehe Seite 37), um es zu raffen. Danach fasst du die Oberkante von Vorder- und Rückteil mit elastischem Band ein (siehe Seite 37).
3. Lege das Vorderteil rechts auf rechts auf das Rückteil und schließe zunächst eine Seite mit einer Versäuberungsnaht.
4. Falte das Top auseinander und nähe die elastische Spitze rechts auf rechts an die Saumkante. Verwende auch hierbei den Versäuberungsstich.

5

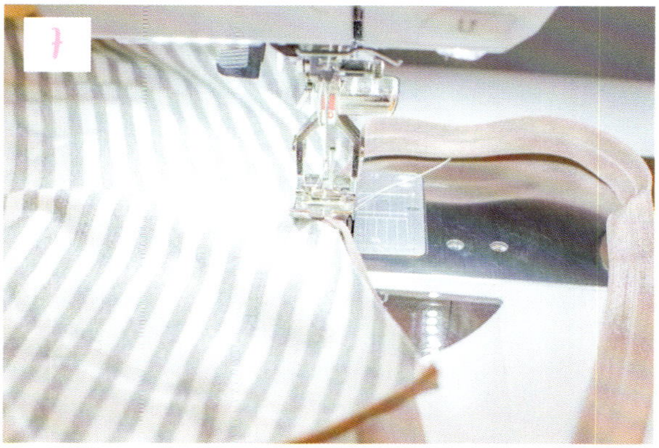

6

8

5. Lege das Top wieder rechts auf rechts und schließe die zweite noch offene Seitennaht mit einem Versäuberungsstich. Klappe dann die Nahtzugaben jeweils Richtung Rückteil und nähe sie an der Spitze von rechts fest, damit diese flach liegt.

6. Schließe die elastischen Einfassstreifen für Armausschnitt und Träger an den Schmalseiten rechts auf rechts zum Ring. Stecke die Ringe provisorisch an die Armausschnitte, um zu testen, ob die Länge für dich passend ist.

7. Wenn die Länge passt, steckst du das Band an den Armausschnitten fest: Lege es mittig um die Kanten, beginne dabei genau an der Seitennaht und lege das obere Bandende eingeschlagen über das untere. Nähe es dann jeweils in einem Arbeitsgang mit Zickzackstich fest, dabei wird das Band fortlaufend für die Träger gefaltet und zusammengenäht.

8. Befestige mit ein paar Stichen per Hand den kleinen Schmuckanhänger mittig über der Raffung.

Pyjamahose

Diese Hose ist nicht nur zum Schlafen schön, sondern auch ein herrlich gemütliches Teil für zu Hause oder auch fürs Yoga.

Du brauchst:

- Jersey mit Elasthananteil/Stretch-Jersey in Cremeweiß mit Kleeblättern:
  Gr. 32–40: 105–110 cm
  Gr. 40–46: 110–200 cm
- Jersey oder Bündchenware in Hellgrau: 20 cm
- Satin in Rosa: 50 cm
- Spitzenborte in Grau: 85–110 cm (optional)
- 2 x Ösen, Ø 8 mm
- Gummiband, 40 mm breit: 85–110 cm
- Satinband oder Kordel in Cremeweiß: 1,50–1,80 m

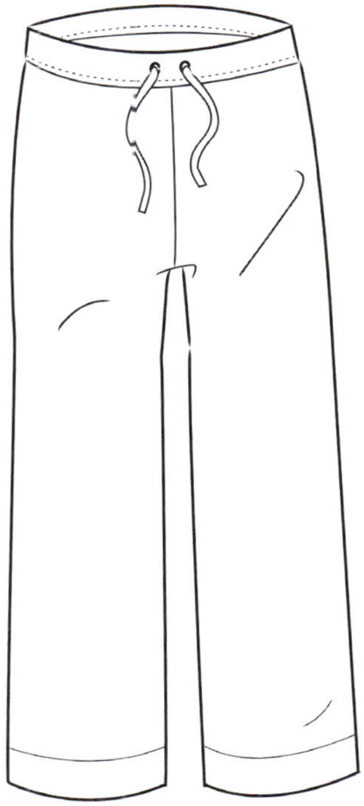

Zuschneiden:

AUS STRETCH-JERSEY:

- 2 x Vorderhose (SB 2) gegengleich
- 2 x Hinterhose (SB 2) gegengleich

AUS JERSEY ODER BÜNDCHENWARE:

- 1 x Bund (SB 2) im Bruch

AUS SATIN:

- 2 x Saumb ende (SB 2)

Los geht's

1

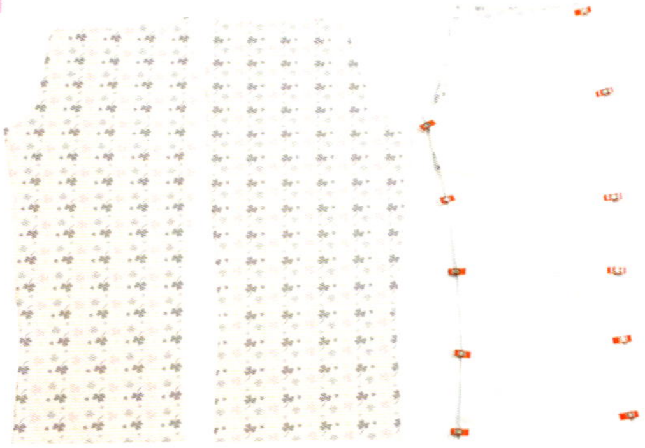

3

2

4

1. Lege jeweils ein vorderes Hosenteil auf das zugehörige hintere und nähe die Seitennaht sowie die Beininnennaht mit einem Versäuberungsstich.
2. Wende ein Hosenbein nach rechts und schiebe es dann in das andere Hosenbein, sodass sie rechts auf rechts ineinanderliegen. Stecke die Schrittnaht rechts auf rechts und schließe sie mit einem Versäuberungsstich. Wende die Hose nach rechts.
3. Jetzt wird der Bund befestigt: Um diesen verspielter zu gestalten, kannst du hier eine Spitzenborte anbringen. Stecke und nähe diese rechts auf rechts an die Oberkante der Hose.
4. Bereite den Bund vor, wie bei den Jogging-Pants beschrieben (siehe Seite 58). Am besten bringst du auch hier Ösen an, damit du ein Band oder eine Kordel zur Weitenregulierung einziehen kannst.

5

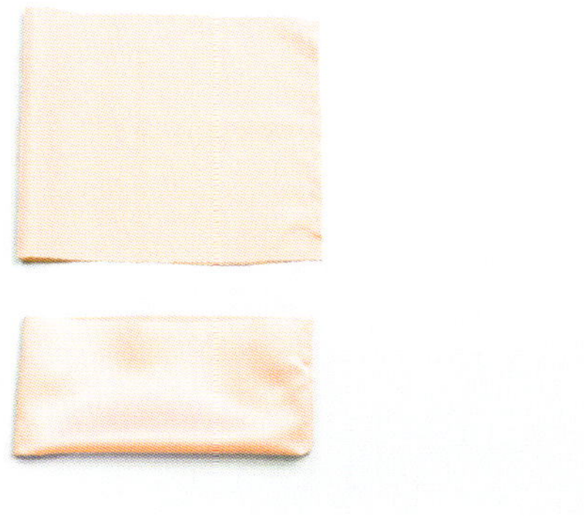

7

6

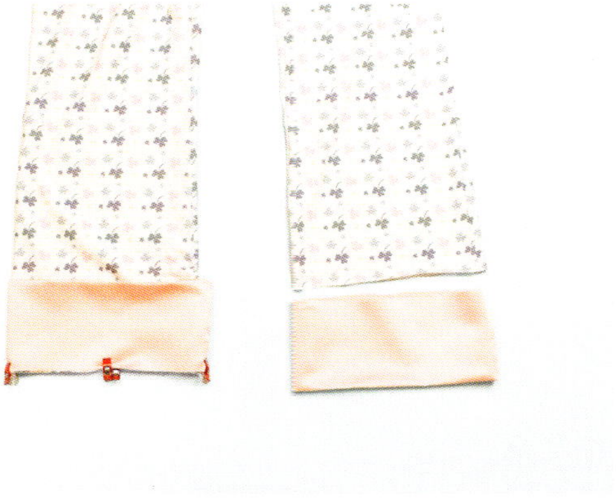

8

5. Jetzt fehlen nur noch die Blenden: Lege die beiden Blendenstreifen aus Satin jeweils an den Schmalseiten rechts auf rechts und nähe sie mit einem Versäuberungsstich zum Ring zusammen. Danach faltest du den Ring links auf links an der Umbruchlinie, sodass die Kanten aufeinanderliegen.
6. Stecke die Blenden rechts auf rechts an die Hosenbeine und nähe sie mit Versäuberungsstichen fest.
7. Bügle die Blenden nach unten. Die Ansatznaht kann nun knappkantig von rechts mit einem geraden Stich der Nähmaschine abgesteppt werden.
8. Am Ende musst du nur noch das Bindeband mithilfe einer Sicherheitsnadel einziehen – fertig ist die hübsche Pyjamahose!

Ballerinas

Um den Feierabend zu Hause kuschelig auf dem Sofa zu verbringen, trägst du am besten gemütliche Ballerinas, die schön warm mit Fleece gefüttert sind.

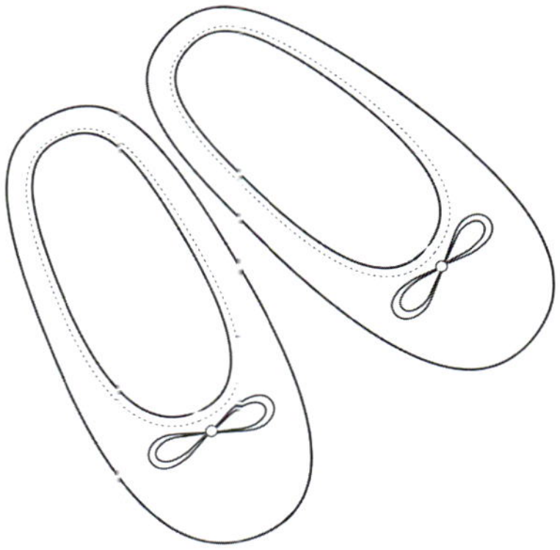

Du brauchst:

- Jersey in Hellgrau mit Punkten: 40 cm
- Jersey in Dunkelgrau: 40 cm
- Fleece in Cremeweiß: 40 cm
- Volumenvlies H 640: 25 cm
- Gummiband, optional
- 2 x kleine Satinschleifen zur Verzierung

Zuschneiden:

AUS JERSEY:

- 2 x Ballerina-Oberteil (SB 1) im Bruch
- 2 x Sohle (SB 1)

AUS FLEECE:

- 2 x Ballerina-Oberteil (SB 1) im Bruch
- 2 x Sohle (SB 1)

AUS VOLUMENVLIES:

- 2 x Ballerina-Oberteil (SB 1) im Bruch, ohne Nahtzugabe
- 2 x Sohle (SB 1) ohne Nahtzugabe

Los geht's

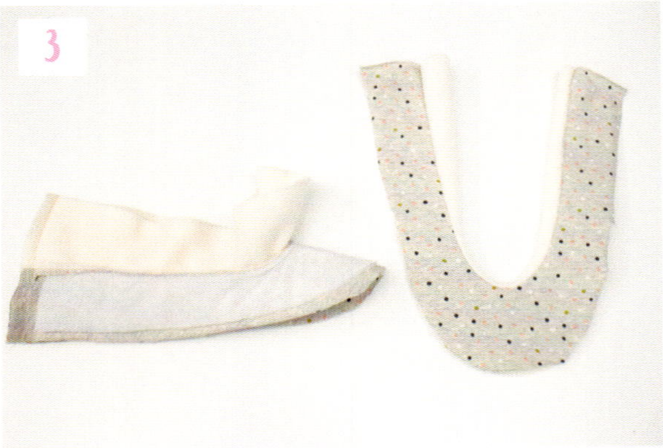

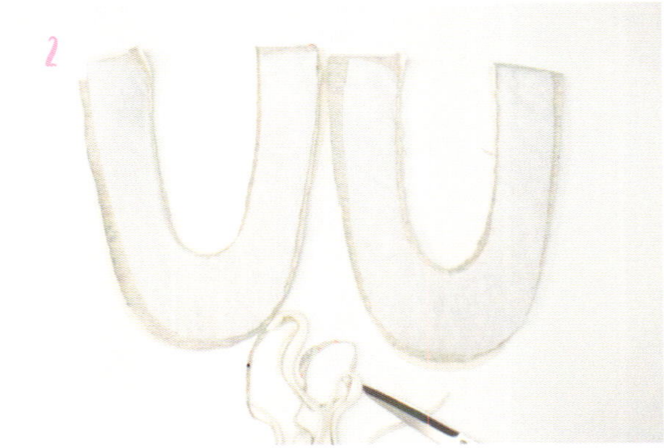

1. Zuerst werden alle Jerseyteile mit Volumenvlies verstärkt: Lege das Vlies auf die linke Seite, ringsum muss die Nahtzugabe frei bleiben, damit die Nähte nicht zu wulstig werden. Bügle das Vlies nach Herstellerangabe auf und lasse es abkühlen.
2. Lege die verstärkten Jersey-Oberteile rechts auf rechts auf die Fleece-Oberteile. Nähe sie entlang der inneren Rundung zusammen und schneide dann die Nahtzugaben zurück.
3. Falte die beiden Lagen auseinander und lege sie an der hinteren Mitte rechts auf rechts. Dabei treffen jeweils die gleichen Stoffarten aufeinander. Nähe entlang der hinteren Mitte.
4. Wer gern mehr Halt an der Schuhöffnung haben möchte, sollte jetzt ein Gummiband stark gedehnt auf die Nahtzugabe zwischen Jersey und Fleece nähen. Dafür verwendest du einen Zickzackstich.

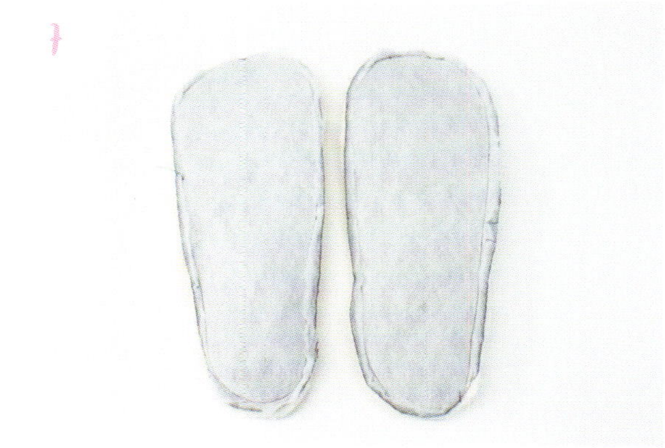

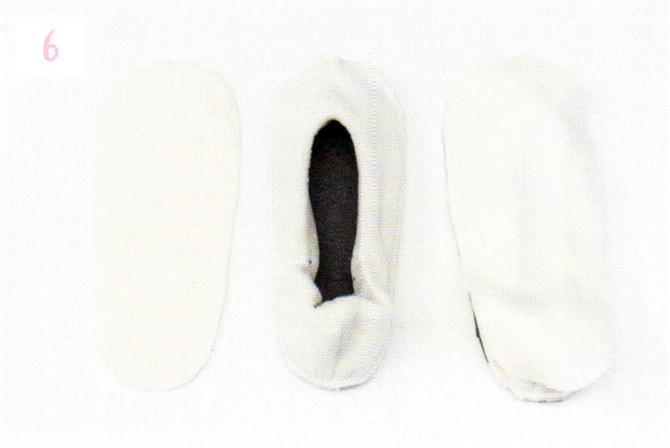

5. Jetzt werden Oberteil und Sohle miteinander verbunden: Lege jeweils die Jersey-Seite des Oberteils und der verstärkten Jersey-Sohle rechts auf rechts und nähe sie ringsum zusammen.
6. Lege die Fleece-Sohle jeweils rechts auf rechts auf das Fleece-Oberteil, dabei musst du dieses etwas zusammenschieben.
7. Nähe die Sohle fest, aber lasse seitlich eine kleine Wendeöffnung frei.
8. Wende deine Ballerinas nach rechts und schließe die Wendeöffnung mit einem Matratzenstich. Verziere die Ballerinas noch mit den Satinschleifchen.

Tipp

Für den Winter kannst du die Ballerinas mit glitzernden Pailletten gestalten, die du vorne am Schuh aufnähst.

Sweat-Kleid

Das wird dein Lieblings-Kuschelkleid werden. Mit dem Riesenkragen bist zu schön warm eingepackt. Im Winter ist es zu dicken Strumpfhosen oder einer Leggings der perfekte Kombi-Partner.

Du brauchst:

- Sweat mit angerauter Seite in Grau mit Aquarell-Blüten:
  Gr. 32–40: 150–160 cm
  Gr. 40–46: 160 cm–165 cm
- Jersey in Bordeaux: 40 cm
- Bündchenware in Rosa-Meliert:
  Gr. 32–40: 40–60 cm
  Gr. 40–46: 60 cm
- 2 x Ösen, Ø 8–10 mm
- Kordel in Rosa: 100 cm
- SnapPap-Reste

Zuschneiden:

AUS SWEAT:

- 1 x Vorderteil (SB 4) im Bruch
- 1 x Rückteil (SB 4) im Bruch
- 1 x Kragen (SB 4) im Bruch
- 2 x Ärmel (SB 4) gegengleich

AUS JERSEY:

- 1 x Kragen (SB 4) im Bruch

AUS BÜNDCHENWARE:

- 1 x Saumbündchen (SB 4) im Bruch
- 2 x Ärmelbündchen (SB 4)

Los geht's

1

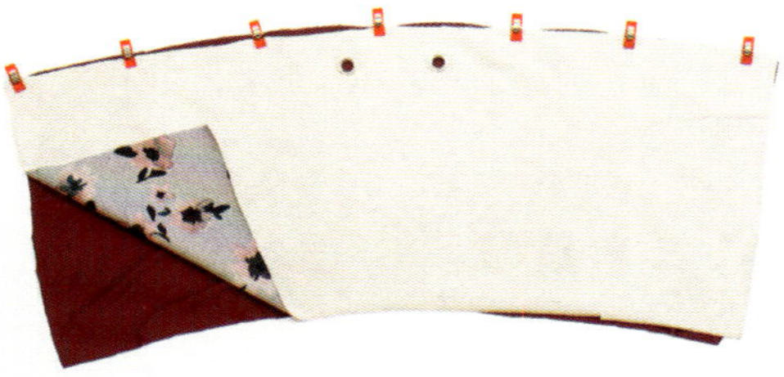

3

2

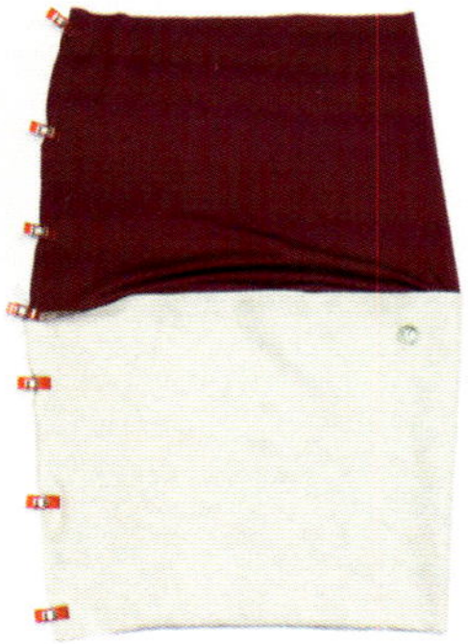

4

1. Lege die Kragenteile bereit. Arbeite zunächst die Ösen ein (siehe Seite 40), falls gewünscht. Lege beide Kragenteile rechts auf rechts und nähe sie an der längeren gebogenen Kante zusammen.
2. Falte den Kragen auf, lege ihn dann an den abgeschrägten Seiten rechts auf rechts (je eine Stoffart liegt jeweils aufeinander) und schließe die hintere Mitte mit einem Versäuberungsstich.
3. Wenn du Ösen befestigt hast, kannst du noch eine Naht für den Tunnel unterhalb der Ösen nähen und dann mit einer Sicherheitsnadel ein Band einziehen.
4. Der Schnitt beinhaltet für eine bessere Passform Brustabnäher. Nähe diese gemäß Schnittmarkierung (siehe Seite 30). Lege das Vorderteil dann rechts auf rechts auf das Rückteil und schließe die Schultern mit einer Versäuberungsnaht.

5

7

6

8

5. Jetzt werden die Ärmel angenäht: Stecke diese jeweils gemäß Markierung rechts auf rechts an den zugehörigen Armausschnitt und nähe sie mit einem Versäuberungsstich fest. Falte die Ärmel auf.

6. Lege das Vorder- und Rückteil rechts auf rechts. Schließe jeweils die Ärmel- und die Seitennaht in einem Arbeitsgang mit einem Versäuberungsstich.

7. Nähe anschließend die Ärmel- und das Saumbündchen fest (siehe Seite 36).

8. Stecke den Kragen rechts auf rechts an den Ausschnitt, dabei soll seine hintere Naht genau auf die hintere Ausschnittmitte treffen. Nähe den Kragen ringsum mit einem Versäuberungsstich fest.

Tipp

Wenn du einen gemütlichen Sweater haben möchtest, dann kürze einfach den Schnitt für das Rückteil auf etwa 60 cm. Passe auch das Vorderteil und nach Belieben die Bündchen an.

Shorts

Sportlich und gemütlich zugleich – genau die richtige Kombination bei einer Shorts. Die seitlichen Einsätze konturieren die Hose und verhelfen ihr zu einem besonderen Look.

Du brauchst:

- Sommersweat in Cremeweiß:
  Gr. 32–40: 60–75 cm
  Gr. 40–46: 75–80 cm
- Sommersweat in Rosa: 5 cm
- Bündchenware in Rosa: Gr. 32–46: 15 cm
- Paspelband: 2,00–2,50 m (optional)
- Gummiband, 3 cm breit: 85–110 cm

Zuschneiden:

AUS SOMMERSWEAT:

- 2 x vorderes Hosenteil (SB 4) gegengleich
- 2 x hinteres Hosenteil (SB 4) gegengleich
- 2 x Einsatz (SB 4)
- 2 x Saumbeleg (SB 4) gegengleich

AUS BÜNDCHENWARE:

- 1 x Bund (SB 4) im Bruch

Los geht's

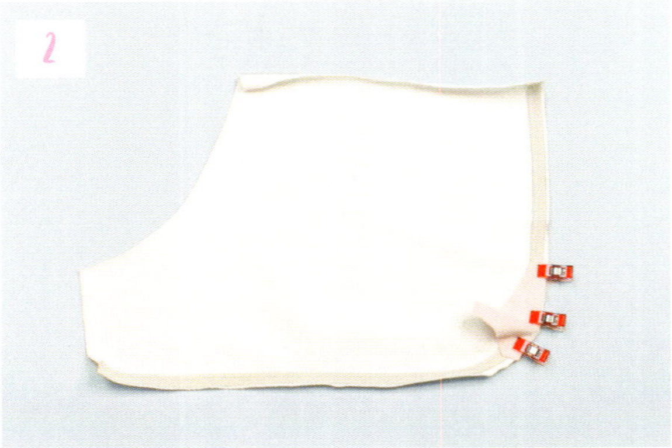

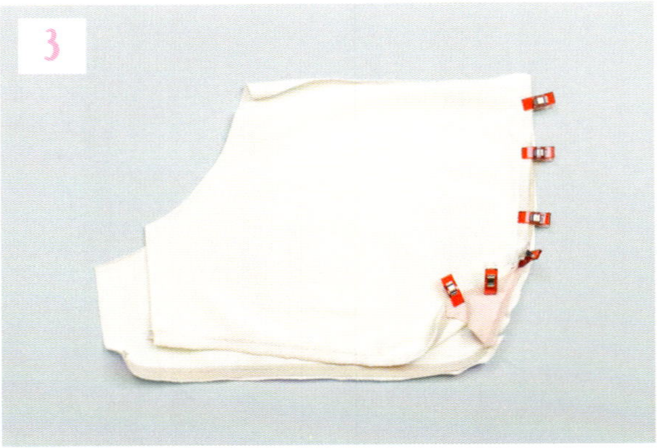

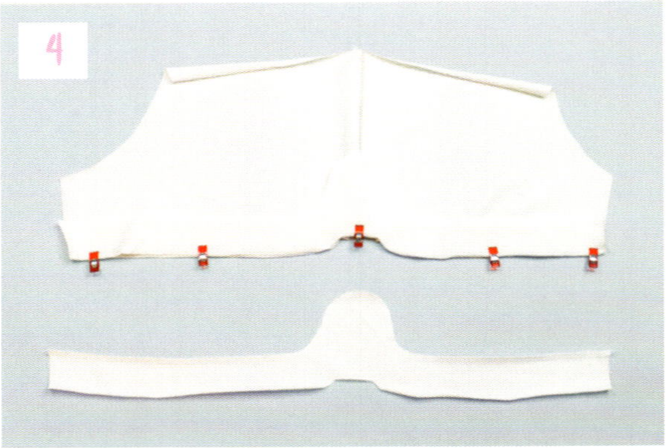

1. Ganz nach Belieben kannst du jeweils die seitlichen und unteren Kanten aller Hosenteile mit einem Paspelband verzieren (siehe Seite 42).
2. Dann werden die seitlichen Einsätze angenäht: Beginne bei den vorderen Hosenteilen. Lege die rosa Einsätze jeweils rechts auf rechts gemäß Schnittmarkierung auf das zugehörige Hosenteil.
3. Lege jetzt das zugehörige hintere Hosenteil rechts auf rechts darauf und schließe die Seitennaht, dabei wird der Einsatz an einer Seite mit gefasst. Schneide die Nahtzugaben an den Markierungen ein und klappe sie zur Seite, um dann den Einsatz an der anderen Kante festzunähen.
4. Stecke die Belege jeweils rechts auf rechts an die untere Hosenkante und nähe sie fest. Lege dabei die Nahtzugaben des Einsatzes mittig zueinander.

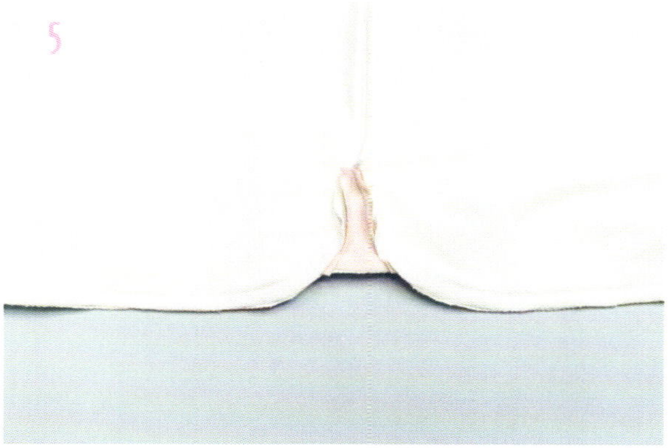

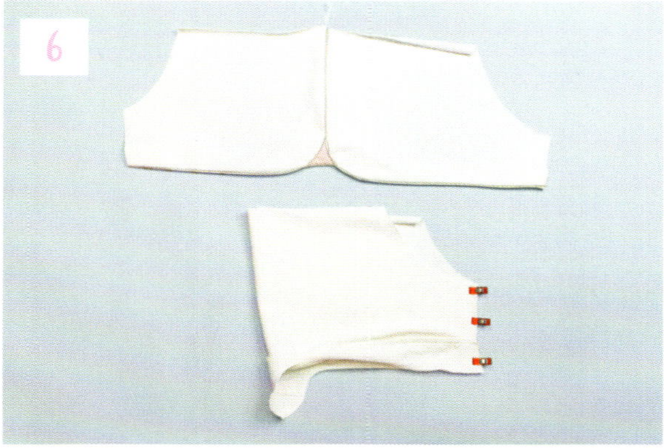

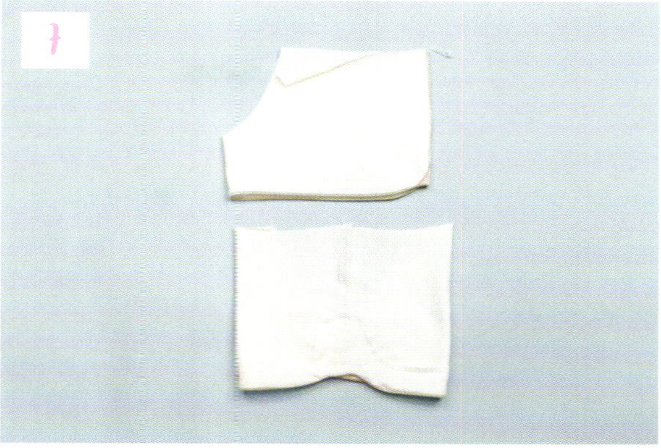

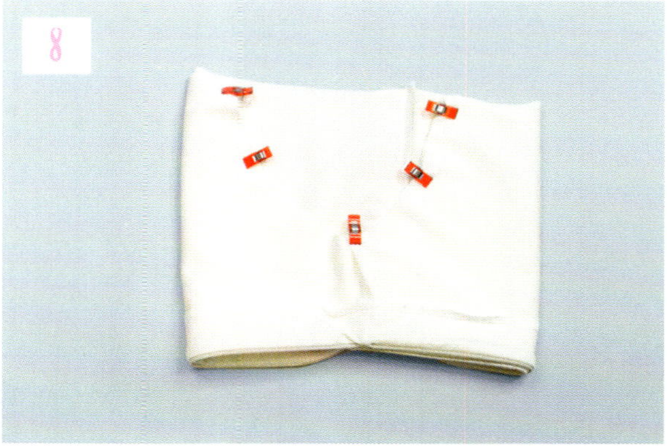

5. So sollten die Einsätze und Nähte aussehen, wenn du alles richtig zusammengenäht hast. Schneide danach die Nahtzugaben zurück.
6. Lege jedes Hosenbein an den inneren Beinnähten rechts auf rechts und schließe diese mit Versäuberungsstichen. Wende die Hosenbeine nach rechts.
7. Schlage den Beleg nach innen um, bügle die Nahtkante sorgfältig aus und steppe den Beleg auf Höhe der Versäuberungsnaht von rechts ab.
8. Wende ein Hosenbein wieder nach links. Schiebe die Hosenbeine rechts auf rechts ineinander und schließe die Schrittnaht mit einem Versäuberungsstich. Wende die Shorts wieder nach rechts.
9. Bringe das Hüftbündchen wie bei den Jogging-Pants an (siehe Seite 58), jedoch ohne Ösen.

Cardigan

Einen schlichten und schmal geschnittenen Cardigan kann man immer gut gebrauchen, er passt zu Hose, Kleid und Rock. Schnell mal übergeworfen, wirkt man damit gleich richtig „angezogen".

Du brauchst:

- Strickstoff in Rosa:
  Gr. 32–40: 150–190 cm
  Gr. 40–46: 190–200 cm

Zuschneiden:

AUS STRICKSTOFF:

- 2 x Vorderteil (SB 6 in zwei Teilen) gegengleich
- 1 x Rückteil (SB 6) im Bruch
- 2 x Ärmel (SB 6) gegengleich
- 2 x Blende (SB 6 in zwei Teilen)

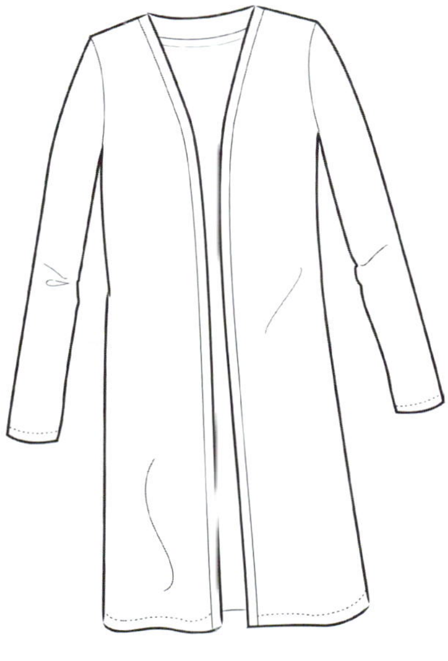

Los geht's

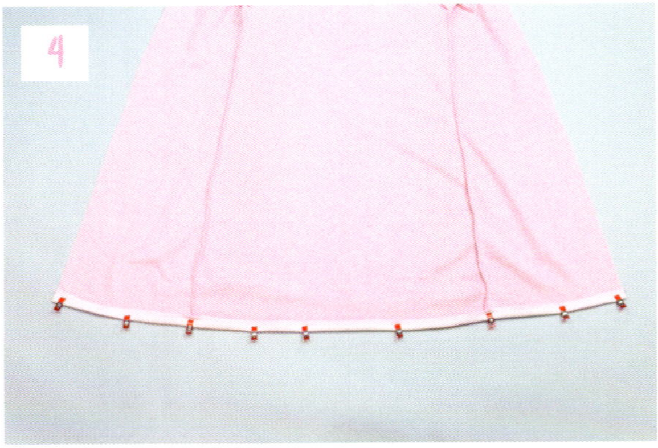

1. Dieser Schnitt enthält ab Größe 44 Abnäher für eine schönere Passform. Schließe sie gegebenenfalls wie im Grundlagenteil beschrieben (siehe Seite 30). Lege die Vorderteile rechts auf rechts auf das Rückteil und schließe die Schulternähte mit einem Versäuberungsstich.
2. Lege die Ärmel jeweils rechts auf rechts an den zugehörigen Armausschnitt, achte darauf, dass sie genau an den Markierungen aufeinanderliegen, der Armausschnitt hat vorn ein Passzeichen, ebenso die vordere Armkugel. Nähe die Ärmel mit einem Versäuberungsstich fest.
3. Lege Vorder- und Rückteil rechts auf rechts und schließe die Ärmel- und die Seitennähte in einem Arbeitsgang mit einem Versäuberungsstich.
4. Nähe dann die Ärmelsäume und den unteren Saum des Cardigans (siehe Seite 31).

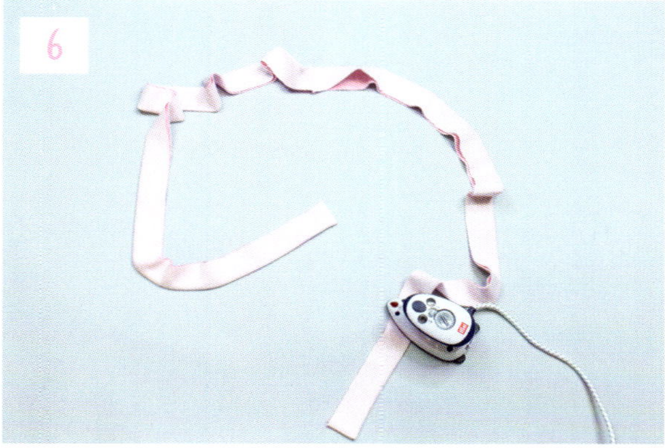

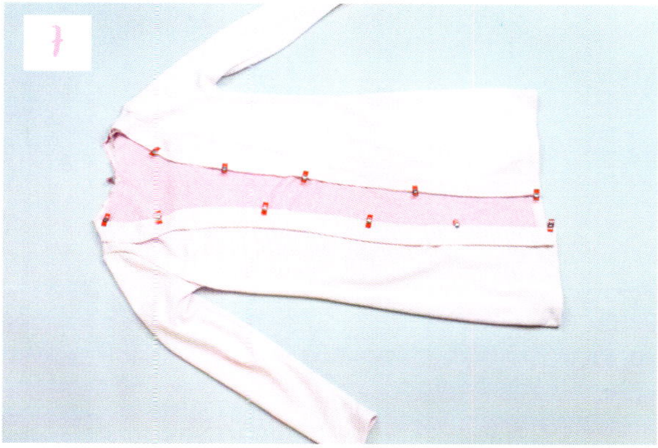

5. Lege die beiden Blendenstreifen rechts auf rechts und stecke sowie nähe sie anschließend an einer der schmalen Seite zusammen.

6. Falte den Blendenstreifen jeweils am schmalen Ende zur Hälfte rechts auf rechts und nähe dieses ab. Schneide die Nahtzugaben an den Ecken knapp zurück und wende die Blende wieder nach rechts. Bügle die Ecken aus und die Nahtzugaben der hinteren Mitte auseinander. Bügle die Blende längs zur Hälfte, die linke Seite liegt innen.

7. Stecke die Blende an der hinteren Mitte beginnend an die Ausschnittkanten und nähe sie mit einem Versäuberungsstich fest. Achte darauf, dass die verstürzten Enden der Blende bündig mit der bereits gesteppten Saumkante abschließen.

8. Bügle die Nahtzugaben der Blende zur Seite hin. Steppe die Zugaben 0,5 cm neben der Ansatznaht von rechts mit einem Geradstich fest. Achte darauf, dass der Füßchendruck nicht zu stark ist, sonst wellt sich diese Naht später unschön.

#for YOU

Legeres V-Shirt

Ein absolutes Muss für deinen Kleiderschrank: Das locker geschnittene V-Shirt mit schön abgerundetem Saum vorne und hinten sowie einem Schriftzug auf der Brusttasche als Hingucker.

Du brauchst:

- Viskose-Jersey in Bordeaux:
  Gr. 32–40: 95–105 cm
  Gr. 40–46: 105–125
- ein kleines Stück Vlieseline
- Plott: „#for you" (Vorlage zum Download unter www.emf-verlag.de/produkt/alles-jersey-soft-and-cosy/)

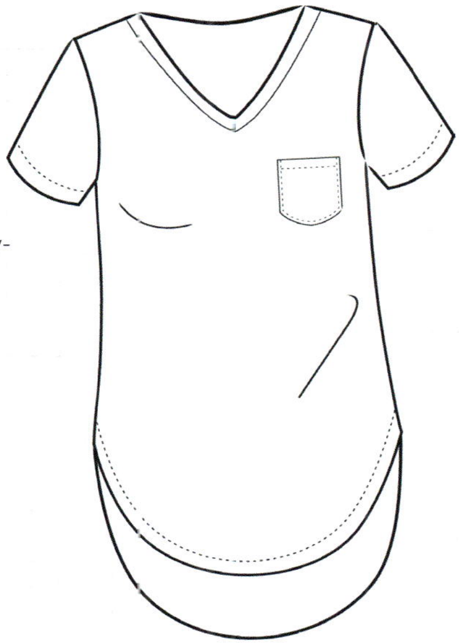

Zuschneiden:

AUS JERSEY:

- 1 x Vorderteil (SB 6) im Bruch
- 1 x Rückteil (SB 5) im Bruch
- 2 x Ärmel (SB 6) gegengleich
- 1 x Halsstreifen (SB 6) im Bruch
- 1 x Saumbeleg Vorderteil (SB 6) im Bruch
- 1 x Saumbeleg Rückteil (SB 6) im Bruch
- 2 x Tasche (SB 6)

Los geht's

1

3

2

4

1. Bringe zuerst den Plott auf der Brusttasche an, falls gewünscht. Lege die Taschenteile rechts auf rechts und nähe sie ringsum bis auf eine Wendeöffnung an der Oberkante zusammen. Wende die Tasche nach rechts und schließe die Öffnung knappkantig mit einem Geradstich der Nähmaschine.
2. Lege die Brusttasche gemäß Schnittmuster auf das Vorderteil und nähe sie auf. Sichere die oberen Ecken zusätzlich mit einer kleinen schrägen Naht.
3. Nun werden die Saumblenden befestigt: Schiebe die Blendenteile mit der rechten Stoffseite unter den jeweiligen Saum, die Nahtzugaben sollten unter der Saumkante liegen. Nähe mit einer Coverlock oder einem entsprechenden Zierstich der Nähmaschine entlang der Nahtzugaben. Achte darauf, beide Lagen gleichmäßig zu erfassen.
4. Dieser Schnitt enthält ab Größe 44 Abnäher für eine schönere Passform. Schließe sie gegebenenfalls (siehe Seite 30). Lege das Vorderteil dann rechts auf rechts auf das Rückteil und schließe die Schulternaht mit einem Versäuberungsstich.

5

7

6

8

5. Fasse den V-Ausschnitt mit dem Halsstreifen ein (siehe Seite 34–35).

6. Lege die Ärmel dann gemäß Markierung jeweils rechts auf rechts an den zugehörigen Armausschnitt und nähe sie mit Versäuberungsstichen fest.

7. Lege Vorder- und Rückteil rechts auf rechts und schließe die Ärmel- und die Seitennähte jeweils in einem Arbeitsgang mit einem Versäuberungsstich.

8. Lege die Nahtzugabe der Seitennähte Richtung Rückteil und nähe sie an den Saumkanten knappkantig fest. Säume zum Schluss noch die Ärmel (siehe Seite 31). Fertig ist das legere Shirt!

Kurzer Jumpsuit

Dieser süße Jumper darf weder in deinem Kleiderschrank noch auf deinem Sofa fehlen. Einmal überziehen und schon kann der Sonntag beginnen!

Du brauchst:

- Stretch-Jersey in Grau mit Flamingos:
  Gr. 32–40: 140–160 cm
  Gr. 40–46: 160 cm–210 cm
- 5–6 Kam-Snaps oder Jersey-Druckknöpfe in Pink
- Gummiband, 5 mm breit, Länge entsprechend deiner Taillenweite
- Vlieseline H 200 zum Verstärken der Knopfleiste: 3 x 40 cm

Zuschneiden:

AUS JERSEY:

- 2 x Vorderteil (SB 7) gegengleich
- 1 x Rückteil (SB 7) im Bruch
- 2 x Ärmel (SB 7) gegengleich
- 2 x vorderes Hosenteil (SB 7) gegengleich
- 2 x hinteres Hosenteil (SB 7) gegengleich
- 1 x Knopfleiste (SB 7) im Bruch

Los geht's

1

3

2

4

1. Lege die Vorderteile jeweils rechts auf rechts auf das Rückteil und nähe sie an den Schultern mit einem Versäuberungsstich zusammen.
2. Bügle die Vlieseline von links auf die Knopfleiste, dabei sollte eine Kante am markierten Umbruch liegen. Falte die Knopfleiste längs zur Hälfte, die linke Seite liegt innen, und stecke sie rechts auf rechts an die Vorderkanten des Oberteils. Nähe die Leiste mit einer Versäuberungsnaht fest.
3. Bügle die Nahtzugabe zu den Seiten hin. Steppe die Knopfleiste nun knappkantig von rechts ab. Lege die Enden der Knopfleiste danach genau übereinander und fixiere sie quer mit ein paar Stichen auf der Nahtzugabe.
4. Lege anschließend die Ärmel gemäß der Markierung jeweils rechts auf rechts an den zugehörigen Armausschnitt und nähe sie mit einigen Versäuberungsstichen fest.

5

6

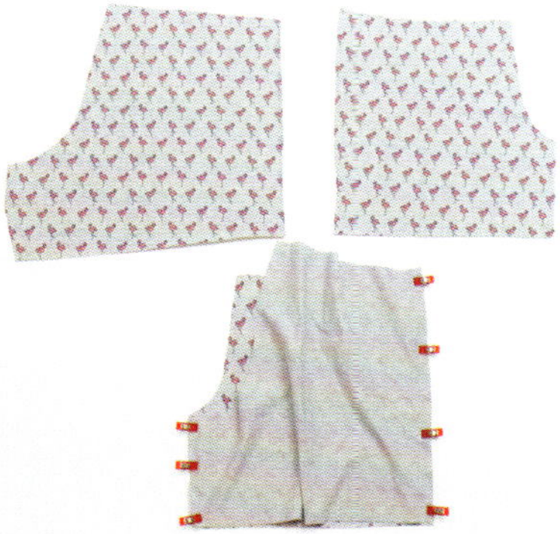

7

8

5. Lege Vorder- und Rückteil rechts auf rechts und schließe die Ärmel- und die Seitennähte in einem Arbeitsgang mit einem Versäuberungsstich.

6. Nun wird die Hose genäht: Lege jeweils ein vorderes und ein hinteres Hosenteil rechts auf rechts und schließe die Beininnennaht und die Seitennaht mit einem Versäuberungsstich.

7. Wende ein Hosenbein nach rechts und schiebe es rechts auf rechts in das andere Hosenbein. Schließe die Schrittnaht mit einem Versäuberungsstich.

8. Stecke die Hose nun rechts auf rechts an das Oberteil. Achte darauf, dass jeweils die hinteren und die vorderen Mitten aufeinandertreffen. Nähe Oberteil und Hose ringsum mit einem Versäuberungsstich zusammen. Zum Schluss schlägst du den Saum an den Hosenbeinen um und steppst ihn fest (siehe Seite 31).

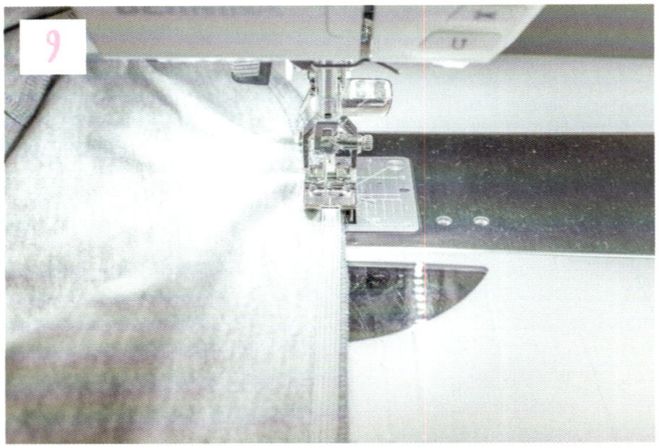

10

9. Stecke nun das Gummiband in gleichmäßigen Abständen jeweils an den Mitten und an den Seiten fest. Nähe das Band gedehnt auf der Nahtzugabe der Taillennaht fest. Dafür verwendest du am besten einen breiten Zickzackstich der Nähmaschine.
10. Zum Schluss befestigst du in einem Abstand von ca. 7 cm Jersey-Druckknöpfe auf der Knopfleiste.

Schlafmaske

Ob als Geschenk oder für dich selbst, die süße Schlafmaske in Katzen-Optik erfreut jeden! Dazu passend findest du die Motive als Plott zum Download!

Du brauchst:

- Jersey in Rosa: 15 cm
- Jersey in Grau: 2 x 40 cm
- Volumenvlies H 640: 15 cm
- Spitze (optional)
- Gummiband 0,5 cm breit: 25 cm
- Plott: „Katze" oder „Augen" (Vorlage zum Download unter www.emf-verlag.de/produkt/alles-jersey-soft-and-cosy/)

Zuschneiden:

AUS ROSA JERSEY:

- 2 x Maske (SB 3) im Bruch
- 4 x Ohren (SB 3) gegengleich

AUS GRAUEM JERSEY:

- 1 x Zugband (SB 3)

AUS VOLUMENVLIES:

- 1 x Maske (SB 3) im Bruch
- 2 x Ohren (SB 3)

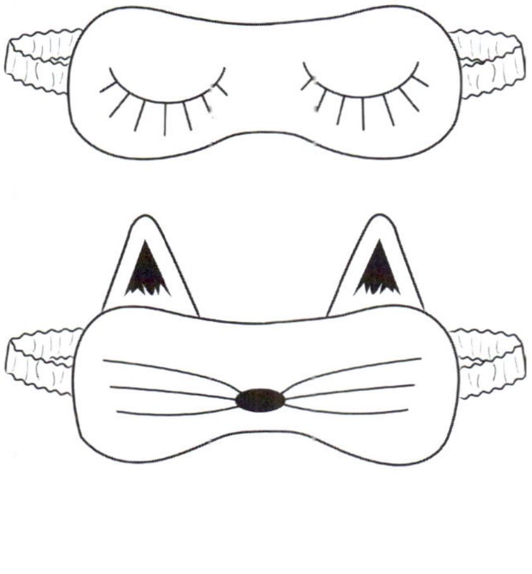

Los geht's

1

3

2

4

1. Übertrage den Katzen- oder Augen-Plott auf ein Stück des rosafarbenen Jerseys. Lege das Schnittmuster passgenau darauf und schneide das Maskenvorderteil zu. Bügle das Volumenvlies auf die linke Seite der Ohren und des Maskenvorderteils auf. Lege das Zugband längs zur Hälfte, die rechte Seite liegt innen, und nähe es zusammen. Wende das Band mit einer Sicherheitsnadel nach rechts.
2. Ziehe das 25 cm lange Gummiband in das Zugband ein. Steppe den Gummi an den Bandenden fest; das Band ist nun schön gerafft.
3. Nach Belieben kannst du Spitze auf die Ohren nähen, und zwar wie abgebildet rechts auf rechts auf die Nahtzugabe. Lege die zweiten Ohrenteile jeweils rechts auf rechts und nähe die Ohren entlang der Spitzennaht zusammen. Schneide die Nahtzugaben zurück und wende die Ohren nach rechts.
4. Lege die Ohren rechts auf rechts an die Markierung des Maskenvorderteils und nähe sie fest (der Ohren-Plott zeigt dabei Richtung Masken-Vorderseite). Nähe das Zugband an den Seiten rechts auf rechts fest, auch wieder innerhalb der Nahtzugabe.

5

6

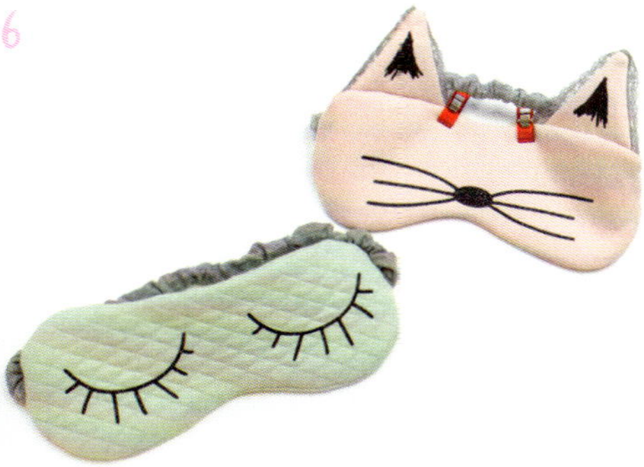

5. Lege Vorder- und Rückteil der Maske rechts auf rechts, das Band und die Ohren liegen innen. Nähe die Teile bis auf eine Wendeöffnung zusammen.
6. Wende die Maske nach rechts, bügle sie vorsichtig, achte darauf, den Plott nicht zu beschädigen. Schließe die Öffnung mit einem Matratzenstich.

Tipp

Wenn du die Ohren weglässt und stattdessen den Augen-Plott verwendest, erhält die Maske gleich eine andere Optik!

Decke mit Briefecke

Eine Briefecke ist ein ganz besonderes Detail bei einer Decke. Vor allem lässt sich mit dieser Einfassungstechnik jedes noch so einfach genähte Teil im Nu aufwerten – sofern es daran eine Ecke gibt!

Du brauchst:

- Stepp-Jersey in Grau: 150 cm
- Interlock-Jersey in Nude mit Muster: 162 cm

Zuschneiden:

AUS GRAUEM STEPP-JERSEY:

- Innenteil: 120 x 150 cm

AUS GEMUSTERTEM INTERLOCK-JERSEY:

Wenn die fertige Briefecke 5 cm breit sein soll, dann muss das Schnittteil auf jeder Seite 6 cm Zugabe haben. Hier ein Rechenbeispiel für eine fertige Decke mit 120 x 150 cm:

- Außenteil: 132 x 162 cm

Tipp

Möchtest du anstatt des Stepp-Jerseys lieber „normalen" Jersey verwenden, solltest du die Decke zusätzlich mit Vlieseline H 200 oder Sprühstärke versteifen.

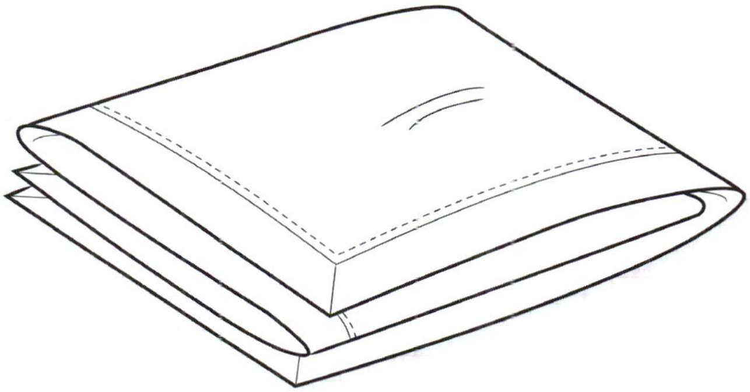

Los geht's

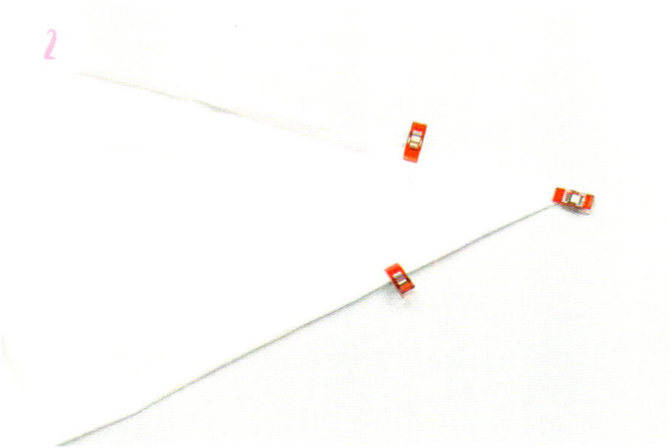

1. Wenn du Interlock-Jersey verwendest, solltest du die Kanten des Schnittteils zuerst mit Vlieseline H 200 oder Sprühstärke versteifen. Bügle von links auf allen vier Seiten zuerst 11 cm um (dieser Bruch dient nur als Bügelhilfe, siehe Step 3), danach 5 cm und am Ende 1 cm Nahtzugabe, jeweils von der Außenkante entfernt.
2. Falte die Ecken jeweils diagonal rechts auf rechts und markiere die Stepplinie vom mittleren Bruch ausgehend im rechten Winkel bis exakt zur Nahtzugabe. Nähe die Ecken nur bis zur Zugabe ab.
3. Schneide die Nahtzugaben an den Ecken zurück. Wende alle Ecken nach rechts. Falte die Nahtzugaben nach innen und den 5 cm breiten Umschlag nach links. Bügle die Kanten noch einmal sorgfältig. An der gebügelten Hilfslinie kannst du prüfen, ob der Umschlag gleichmäßig breit ist.
4. Jetzt wird das Stepp-Jersey-Teil in den genähten „Rahmen" geschoben und an den Kanten sorgfältig festgesteckt. Bei einer sehr großen Decke kann es hilfreich sein, wenn du die Decke auch in der Mitte feststeckst.

5

5. Zum Schluss wird der Rahmen festgenäht: Steppe den umgebügelten Rand ringsum knappkantig fest. Du kannst hierfür einen Geradstich der Nähmaschine verwenden oder einen Dreifach-Zickzackstich. Letzterer ist für Anfänger gut geeignet.

Oversize-Pulli mit Schlitzen

Dieser Oversize-Pulli zeichnet sich durch seine ausgefallene Schnittführung aus. Die Seitennähte laufen vorne schräg aus, die Schlitze verleihen den richtigen Pfiff. Besonders schön sind die Lace-Layer-Optik und die Ösen-Details.

Du brauchst:

- Angerauter Sweat-Stoff in Rosa:
  Gr. 32–40: 135–145 cm
  Gr. 42–46: 145–200 cm
- Spitze in Rosa: 100 cm
- Bündchenware in Rosa: 45 cm
- 3 Ösen, Ø 8 mm, optional

Zuschneiden:

AUS SWEAT-STOFF:

- 1 x Vorderteil (SB 5) im Bruch
- 1 x Rückteil (SB 5) im Bruch
- 2 x Ärmel (SB 5) gegengleich

AUS SPITZE:

- 1 x Vorderteil (SB 5) im Bruch

AUS BÜNDCHENWARE:

- 1 x Saumbündchen vorne (SB 5) im Bruch
- 1 x Saumbündchen hinten (SB 5) im Bruch
- 2 x Ärmelbündchen (SB 5) im Bruch
- 1 x Halsbündchen (SB 5) im Bruch

Los geht's

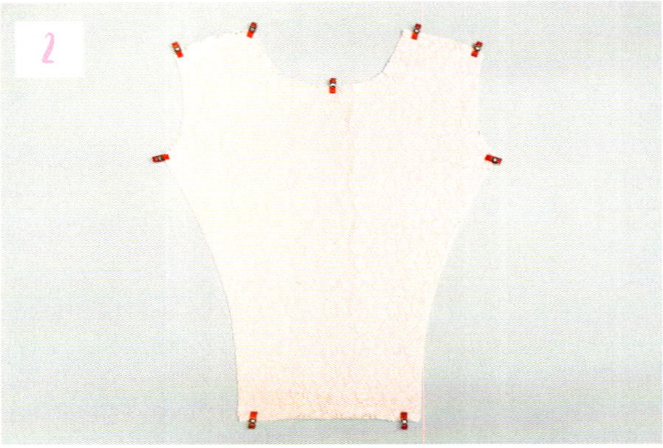

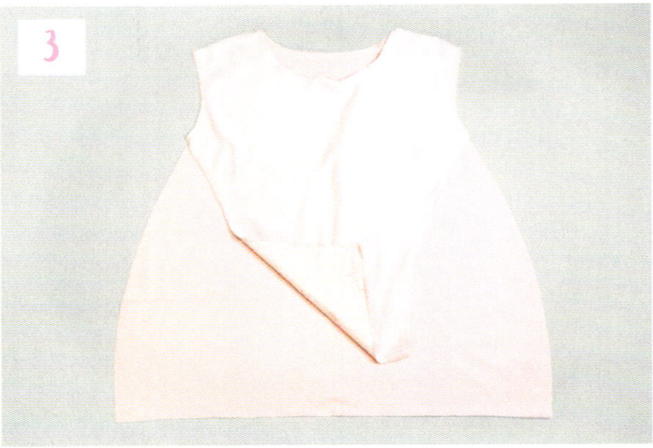

1. Um die Lace-Layer-Optik bei diesem Sweater zu erzielen, legst du zunächst das Teil aus Spitze links auf rechts auf das Vorderteil aus Sweat-Stoff.
2. Verbinde die beiden Lagen ringsum mit einem Versäuberungsstich. Versäubere dann das Rückteil an den Seitennähten mit Overlock- oder Zickzackstich.
3. Lege das Vorderteil rechts auf rechts auf das Rückteil und schließe die Schulternähte mit einem Versäuberungsstich.
4. Nun werden die Ärmel angenäht: Klappe dazu das Oberteil auf und lege einen Ärmel rechts auf rechts an den zugehörigen Armausschnitt. Achte darauf, dass die Markierungen aufeinandertreffen. Nähe den Ärmel mit Overlock- oder Zickzackstich fest.

5. Verfahre genauso mit dem anderen Ärmel. Faltest du das Oberteil wieder links auf links zusammen, nimmt dein Oversize-Pulli schon erste Formen an.
6. Lege das kurze Bündchen für das Vorderteil rechts auf rechts an die vordere Saumkante und nähe es mit einem Versäuberungsstich fest.
7. Lege dann das längere Bündchen für das Rückteil rechts auf rechts an die Saumkante und nähe es mit einem Versäuberungsstich fest.
8. Die Bündchenkanten werden folgendermaßen verstürzt: Schlage das vordere Bündchen jeweils an den Seiten zur Hälfte rechts auf rechts um und stecke es fest. Stecke dabei die Nahtzugaben der vorherigen Naht zum Ausschnitt zeigend fest.

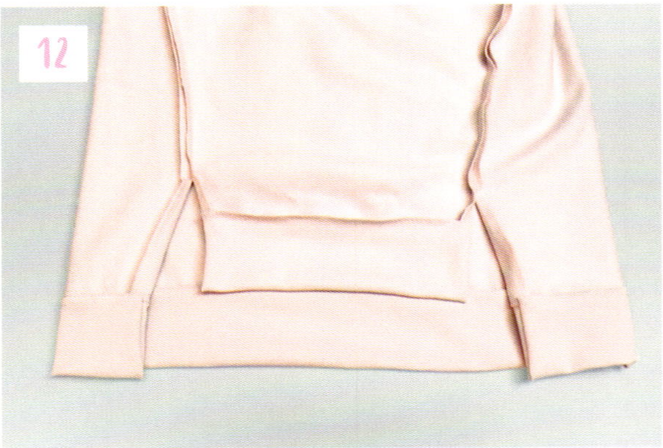

9. Nähe das umgeklappte Bündchen nun an den Seiten fest. Achte darauf, dass die Nahtzugaben der zuvor genähten Naht nach oben zeigen.
10. Nähe das hintere Bündchen am Rückteil dann auf die gleiche Weise fest.
11. Schneide die Nahtzugaben beider Bündchen an den Ecken bis kurz vor die Naht ein und stülpe die Bündchen jeweils auf die rechte Stoffseite.
12. Lege den Pulli rechts auf rechts und schließe die Seiten- und die Ärmelnähte. Beginne dabei jeweils am Ärmelsaum und nähe fortlaufend bis zur Schlitzmarkierung. Dein Pullover sollte von links inzwischen etwa wie auf dem Bild aussehen.

13. Bügle die Nahtzugaben vorsichtig auseinander, achte aber unbedingt darauf, je nach Material der Spitze, das Bügeleisen nicht zu heiß einzustellen!

14. Bügle die Schlitzkanten um und nähe sie mit einem Geradstich der Haushaltsnähmaschine fest. Nähe am Ende des Schlitzes jeweils quer darüber.

15. Die Bündchen sind noch offen, lege sie innen an den Kanten genau aufeinander und nähe sie innerhalb der Nahtzugaben mit Geradstich fest. Nähe dabei so weit wie möglich in die Ecken.

16. Falte jedes Armbündchen an den längeren Seiten rechts auf rechts und schließe es mit einem elastischem Stich. Stülpe jedes Armbündchen dann zur Hälfte links auf links und nähe sie jeweils rechts auf rechts mit Versäuberungsstich an die Ärmel.

17. Nähe das Halsbündchen wie im Grundlagenteil beschrieben fest (siehe Seite 33).
18. Wer mag, bringt noch Ösen oder weitere Details am Halsausschnitt an. Eine genaue Anleitung dafür findest du im Grundlagenteil (siehe Seite 40).

Kuschelweste

Mit dieser Weste lässt es sich sonntags ganz gemütlich auf der Couch relaxen. Die große Kapuze und die seitlichen Einsätze sind besonders schön zum Einkuscheln.

Du brauchst:

- Flausch- oder Zottelstoff in Rosa:
  Gr. 32–40: 135–140 cm
  Gr. 40–46: 140–150 cm
- Jersey in Rosa mit Herzchen: 95–100 cm

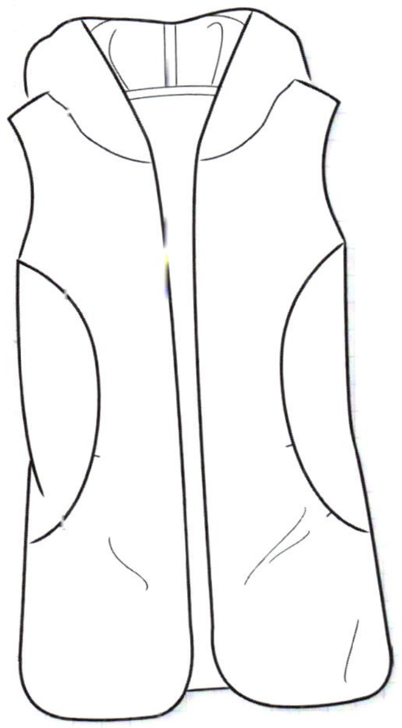

Zuschneiden:

AUS ZOTTELSTOFF:

- 2 x Vorderteil (SB 3) gegengleich
- 2 x seitliches Vorderteil (SB 3) gegengleich
- 1 x Rückteil (SB 3) im Bruch
- 2 x Kapuze (SB 3) gegengleich

AUS JERSEY:

- 2 x Tascheninnenbeutel (SB 3) gegengleich
- 2 x Vorderteil Futter (SB 3) gegengleich
- 2 x Kapuze Futter (SB 3) gegengleich

Los geht's

1. Nähe die Tascheninnenbeutel jeweils rechts auf rechts an die Tascheneingriffe der Vorderteile. Beachte dabei die Markierungen und steppe an den Rändern nur bis zum Beginn der Nahtzugabe.
2. Klappe die Taschenbeutel zur linken Seite um, sie liegen jetzt links auf links. Nähe dann die Seitenteile (Einsätze) rechts auf rechts gemäß Markierung an die Vorderteile. Achte darauf, dabei die Tasche nicht mitzufassen. Schließe den Taschenbeutel.
3. Versäubere nun das Rückteil der Weste ringsum mit einem Overlock- oder Zickzackstich.
4. Lege die Jersey-Futterteile rechts auf rechts auf die Vorderteile auf. Nähe sie jeweils entlang der Armausschnitte und entlang der Vorderkanten fest, dort fortlaufend auch an der Saumrundung.

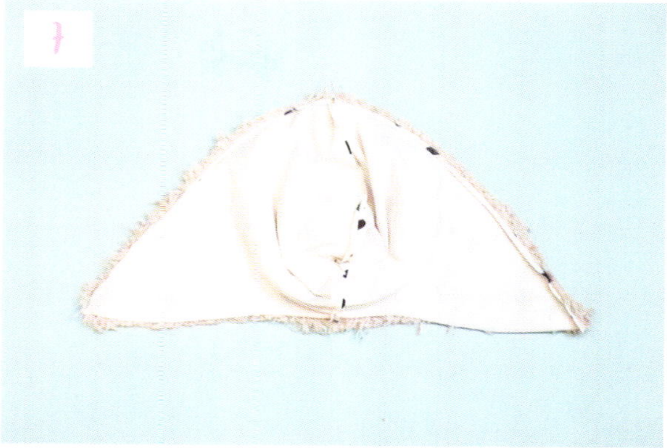

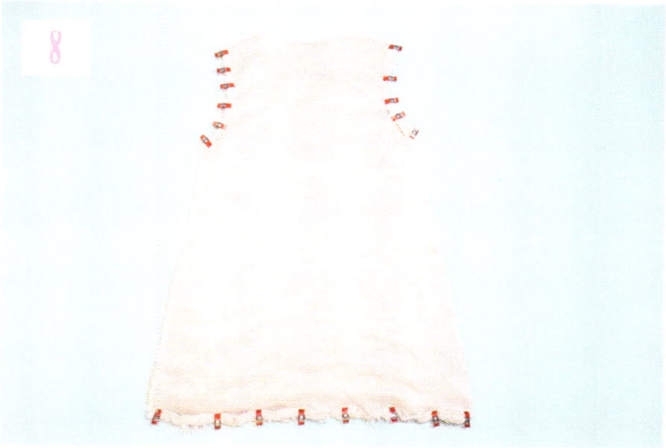

5. Schneide die Nahtzugaben zurück und wende die beiden Vorderteile nach rechts.
6. Nun wird die Kapuze genäht: Lege die Futter- und die Außen-Kapuzenteile jeweils rechts auf rechts und nähe sie dann entlang der hinteren Scheitelnaht zusammen.

Tipp

Verringere den Nähfüßchendruck, falls sich der Stoff wellt. Bei modernen Nähmaschinen gibt es einen Schalter, mit dem man ihn regulieren kann.

7. Schiebe die Futterkapuze rechts auf rechts in die Außenkapuze (die Mitten oben treffen aufeinander) und nähe sie entlang der (fast geraden) Vorderkante zusammen. Wende die Kapuze nach rechts.
8. Schlage die Nahtzugaben an den Armausschnitten des Rückteils und dessen unteren Saum nach links um und nähe sie mit einem Geradstich fest.

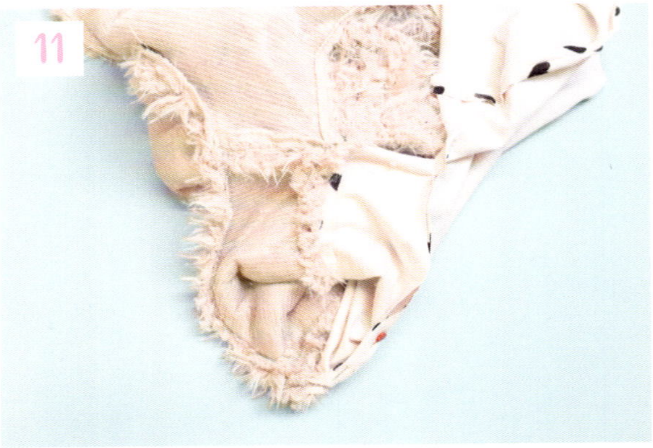

9. Lege die Vorderteile rechts auf rechts auf das Rückteil. Lege dann die Schultern aus dem Oberstoff (Flausch) jeweils rechts auf rechts und schließe die Nähte. Nähe nur genau bis zum Übergang des Futterstoffes (Naht zwischen Flausch und Jersey).

10. Lege die Außenkapuze (Flausch) rechts auf rechts an den Halsausschnitt. Stecke sie zuerst an der hinteren Mitte fest, dann weiter bis zum schräg verlaufenden Ausschnitt des Vorderteils, dort exakt bis zur Spitze. Nähe die Kapuze fest.

11. Nähe danach die Futterkapuze (Jersey) auf die gleiche Weise wie die Außenkapuze an den Vorderteilausschnitt, jedoch nur bis zur Schulter.

12. Die Weste wird nun komplett in die Kapuze gesteckt. Auch wenn es jetzt eigenartig aussieht, das Knäuel wird sich gleich nach den nächsten Schritten wieder auflösen.

13. Stecke die Futterkapuze (Jersey) nur von Schulter zu Schulter an den rückwärtigen Halsausschnitt und nähe sie fest.

14. Es bleiben kleine Öffnungen rechts und links an den Schultern des Futtervorderteils bestehen.

15. Durch eine dieser kleinen Öffnungen wird die Weste jetzt ganz vorsichtig herausgezogen und nach rechts gewendet.

16. Der Schulterbereich ist jetzt im Innenfutter noch offen. Schlage die Nahtzugaben nach innen ein und schließe die Schultern mit einem Matratzenstich (siehe Seite 41) oder mit einem geraden Stich an der Nähmaschine. Diese Naht ist später durch den flauschigen Stoff nicht mehr sichtbar.

17. Nähe dann die Seiten rechts auf rechts mit einem Versäuberungsstich zusammen. Für einen schönen Übergang am Saum kannst du die Enden zuvor ein Stück mit der Nähmaschine zusammennähen, dann verschiebt sich später nichts mehr an der Overlock.
18. Ganz nach Belieben kannst du nun noch die Nahtzugaben der Seitennähte Richtung Rückteil legen und mit Geradstich feststeppen.

Tipp

Lade dir kostenlos die Schnitterweiterung „langer Ärmel" herunter und zaubere dir so eine tolle Kuscheljacke! Das Schnittmuster sowie die Anleitung findest du hier: www.emf-verlag.de/produkt/alles-jersey-soft-and-cosy/

Wasserfall-Loop

Loops gibt es viele, aber dieser ist besonders, weil er wasserfallartig leicht und locker fällt, ohne dass viel Stoff im Nackenbereich aufträgt.

Du brauchst:

- Strickstoff in Cremeweiß: 85 cm
- Jersey in Grau: 85 cm

Zuschneiden:

AUS STRICKSTOFF:

1 x Loop im Bruch (SB 1)

AUS JERSEY:

1 x Loop im Bruch (SB 1)

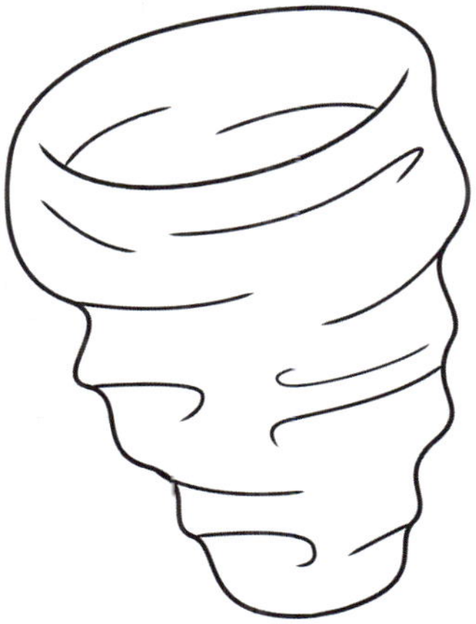

Los geht's

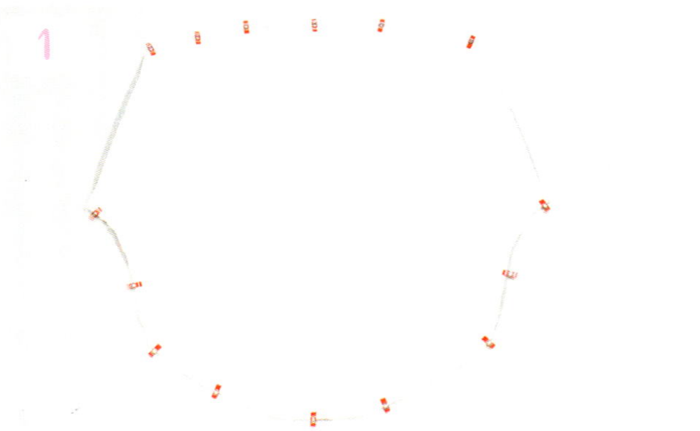

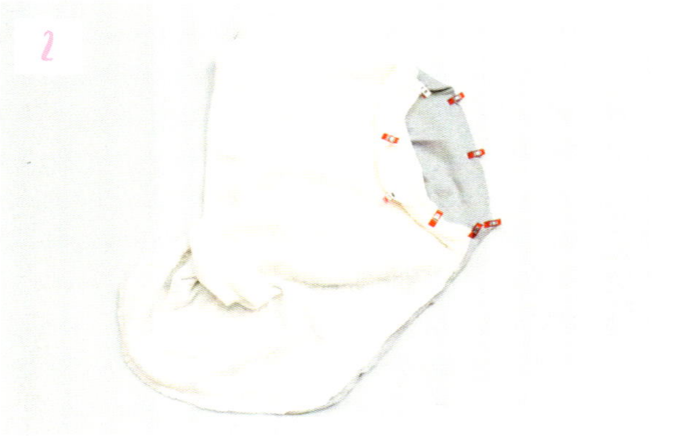

1. Lege die beiden Loop-Teile rechts auf rechts und nähe sie jeweils an den gerundeten Kanten zusammen. Die kurzen schrägen Seiten bleiben offen.
2. Greife in eine noch offene Seite, schiebe diese zurück und lege so die noch offenen Kanten rechts auf rechts aufeinander. Die rechten Seiten einer Stoffart sollten also jeweils aufeinanderliegen und die Nähte aufeinandertreffen. Achte darauf, dass du nichts verdreht hast, und stecke die Seiten fest.
3. Nähe nun entlang der gesteckten Kante, und lasse dabei eine handgroße Öffnung zum Wenden frei.
4. Durch diese Öffnung kannst du den Loop nun nach rechts wenden. Schließe die Öffnung mit knappkantigen Steppstichen mit der Nähmaschine oder mit dem Matratzenstich von Hand.

Tipp

Auch bei dem tollen Loop sieht eine Ösenverzierung sehr attraktiv aus!

Abmessungen der Kleidungsstücke

PYJAMAHOSE (SEITE 73)

	Hüfte	Taillenweite	innere Beinlänge	SN
32	88,5 cm	74,9 cm	80,6 cm	96,9 cm
34	91,5 cm	77,6 cm	80,6 cm	97,3 cm
36	94,5 cm	80,3 cm	80,6 cm	97,7 cm
38	97,5 cm	83 cm	80,5 cm	98,2 cm
40	101,5 cm	86,7 cm	80,5 cm	98,7 cm
42	105,5 cm	90 cm	80,5 cm	99,4 cm
44	109,5 cm	93,3 cm	80,5 cm	100,1 cm
46	115 cm	98,5 cm	80,4 cm	101 cm

SWEAT-KLEID (SEITE 81)

	Brustweite	HM	Ärmellänge
32	87 cm	90 cm	65 cm
34	90 cm	90 cm	65 cm
36	93 cm	90 cm	65 cm
38	97 cm	90 cm	65 cm
40	101 cm	90 cm	65 cm
42	105 cm	90 cm	65 cm
44	110 cm	90 cm	65 cm
46	115 cm	90 cm	65 cm

TRÄGERTOP MIT RAFFUNG (SEITE 69)

	Brustweite	Hüftweite	Trägerlänge	VT Hals	RT Hals
32	76,2 cm	86,3 cm	46,8 cm	17 cm	20,1
34	79,2 cm	89,3 cm	48,6 cm	19,8 cm	20,6
36	82,2 cm	92,3 cm	50,4 cm	20,5 cm	21
38	86,2 cm	96,3 cm	52,4 cm	21,2 cm	21,9
40	90,2 cm	100,3 cm	54,4 cm	22,1 cm	22,7
42	94,2 cm	104,3 cm	56,3 cm	23,3 cm	23,5
44	99,2 cm	108,3 cm	58,7 cm	24,5 cm	24,4
46	104,2 cm	112,3 cm	61,3 cm	25,6 cm	25,2

OVERSIZE-SHIRT (SEITE 51)

	Brustweite	HM
32	99 cm	68 cm
34	102 cm	69 cm
36	105 cm	70 cm
38	109 cm	70 cm
40	113 cm	70 cm
42	117 cm	70 cm
44	122 cm	71 cm
46	127 cm	72 cm

KUSCHELWESTE (SEITE 119)

	Brustweite	Ärmellänge	HM
32	87 cm	65,5 cm	77 cm
34	90 cm	65,5 cm	78 cm
36	93 cm	65,5 cm	79 cm
38	97 cm	65,5 cm	80 cm

KUSCHELWESTE FORTSETZUNG (SEITE 119)

	Brustweite	Ärmellänge	HM
40	101 cm	65,5 cm	80 cm
42	105 cm	65,5 cm	80 cm
44	110 cm	65,5 cm	80 cm
46	115 cm	65,5 cm	80 cm

JOGGING-PANTS (SEITE 55)

	Hüfte	Taillenweite	innere Beinlänge	SN
32	87,9 cm	74,9 cm	74,4 cm	92,9 cm
34	90,9 cm	77,6 cm	74,4 cm	93,3 cm
36	93,9 cm	80,3 cm	74,4 cm	93,8 cm
38	96,9 cm	83 cm	74,4 cm	94,2 cm
40	100,9 cm	86,7 cm	74,4 cm	94,8 cm
42	104,9 cm	90 cm	74,4 cm	95,5 cm
44	108,9 cm	93,3 cm	74,4 cm	96,2 cm
46	114,4 cm	98,5 cm	74,3 cm	97,1 cm

KURZER JUMPSUIT (SEITE 97)

	Brustweite	Taillenweite	Hüftweite	Ärmellänge
32	78 cm	84 cm	91,6 cm	65 cm
34	81 cm	87 cm	94,6 cm	65 cm
36	84 cm	90 cm	97,5 cm	65 cm
38	88 cm	94 cm	100,6 cm	65 cm
40	92 cm	97,9 cm	104,6 cm	65 cm
42	96 cm	101,9 cm	108,5 cm	65 cm
44	101 cm	106,9 cm	112,5 cm	65 cm
46	106 cm	110,5 cm	117,5 cm	65 cm

OVERSIZE-PULLI (SEITE 111)

	Brustweite	HM
32	103 cm	75,5 cm
34	106 cm	77 cm
36	109 cm	78,5 cm
38	113 cm	80 cm
40	117 cm	80 cm
42	121 cm	80 cm
44	126 cm	81 cm
46	131 cm	82 cm

CARDIGAN (SEITE 89)

	Brustweite	HM	Ärmellänge
32	80 cm	88 cm	62,7 cm
34	83 cm	89 cm	62,8 cm
36	86 cm	90 cm	62,9 cm
38	90 cm	90 cm	63 cm
40	94 cm	90 cm	63,2 cm
42	99 cm	90 cm	63,4 cm
44	105 cm	91 cm	63,6 cm
46	111 cm	92 cm	63,8 cm

SHORTS (SEITE 85)

	Hüfte	Taillenweite
32	90,2 cm	76,8 cm
34	93,3 cm	79,5 cm
36	96,3 cm	82,2 cm
38	99,3 cm	84,9 cm
40	103,3 cm	88,6 cm
42	107,3 cm	91,9 cm
44	111,2 cm	95,2 cm
46	116,8 cm	100,3 cm

SWEAT-ROCK (SEITE 61)

	Hüftweite
32	87,5 cm
34	90,5 cm
36	93,5 cm
38	96,5 cm
40	100,5 cm
42	104,5 cm
44	108,5 cm
46	114 cm

LEGERES V-SHIRT (SEITE 93)

	Brustweite	HM	Ärmellänge
32	88 cm	73 cm	16,5 cm
34	91 cm	74 cm	17,1 cm
36	94 cm	75 cm	17,6 cm
38	98 cm	75 cm	18,1 cm
40	102 cm	75 cm	18,7 cm
42	106 cm	75 cm	19 cm
44	111 cm	76 cm	19,6 cm
46	116 cm	77 cm	19,9 cm

KNOPFTOP (SEITE 65)

	Brustweite	Hüftweite	ab Schulter
32	76,2 cm	86,3 cm	62,9 cm
34	79,2 cm	89,3 cm	63,9 cm
36	82,2 cm	92,3 cm	64,9 cm
38	86,2 cm	96,3 cm	64,8 cm
40	90,2 cm	100,3 cm	64,7 cm
42	95,2 cm	104,3 cm	64,7 cm
44	101,2 cm	108,3 cm	65,6 cm
46	107,2 cm	112,3 cm	66 cm

Schnittmusterbogen-Übersicht

SCHNITTMUSTERBOGEN 1

- Oversize-Shirt Vorderteil
- Oversize-Shirt Rückteil
- Oversize-Shirt Ärmel
- Oversize-Shirt Halsstreifen
- Knopftop Vorderteil
- Knopftop Rückteil
- Knopftop Halsstreifen
- Knopftop Armlochstreifen
- Ballerina oben
- Ballerina Sohle
- Wasserfall-Loop

SCHNITTMUSTERBOGEN 2

- Beanie Mütze
- Beanie Umschlag
- Trägertop Vorderteil
- Trägertop Rückteil
- Pyjamahose Vorderhose
- Pyjamahose Hinterhose
- Pyjamahose Bund
- Pyjamahose Saumblende

SCHNITTMUSTERBOGEN 3

- Jogging-Pants vorderes Hosenteil
- Schlafmaske Maske
- Schlafmaske Ohren
- Schlafmaske Zugband
- Kuschelweste Vorderteil
- Kuschelweste seitliches Vorderteil
- Kuschelweste Rückteil
- Kuschelweste Kapuze
- Kuschelweste Taschenbeutel
- Kuschelweste Vorderteil Futter
- Kuschelweste Kapuze Futter

SCHNITTMUSTERBOGEN 4

- Sweat-Kleid Vorderteil
- Sweat-Kleid Rückteil
- Sweat-Kleid Kragen
- Sweat-Kleid Ärmel
- Sweat-Kleid Kragen
- Sweat-Kleid Saumbündchen
- Sweat-Kleid Ärmelbündchen
- Shorts vorderes Hosenteil
- Shorts hinteres Hosenteil
- Shorts Einsatz
- Shorts Saumbeleg
- Shorts Bund

SCHNITTMUSTERBOGEN 5

- Oversize-Pulli mit Schlitzen Vorderteil
- Oversize-Pulli mit Schlitzen Rückteil
- Oversize-Pulli mit Schlitzen Ärmel
- Oversize-Pulli mit Schlitzen Saumbündchen vorne
- Oversize-Pulli mit Schlitzen Saumbündchen hinten
- Oversize-Pulli mit Schlitzen Ärmelbündchen
- Oversize-Pulli mit Schlitzen Halsbündchen

SCHNITTMUSTERBOGEN 6

- Cardigan Vorderteil (in zwei Teilen)
- Cardigan Rückteil
- Cardigan Ärmel
- Cardigan Blende (in zwei Teilen)
- Legeres V-Shirt Vorderteil
- Legeres V-Shirt Rückteil
- Legeres V-Shirt Ärmel
- Legeres V-Shirt Halsstreifen
- Legeres V-Shirt Saumbeleg Vorderteil
- Legeres V-Shirt Saumbeleg Rückteil
- Legeres V-Shirt Tasche

SCHNITTMUSTERBOGEN 7

- Jogging-Pants vorderer Taschenbeutel
- Jogging-Pants hinterer Taschenbeutel
- Kurzer Jumpsuit Vorderteil
- Kurzer Jumpsuit Rückteil
- Kurzer Jumpsuit Ärmel
- Kurzer Jumpsuit vorderes Hosenteil
- Kurzer Jumpsuit hinteres Hosenteil
- Kurzer Jumpsuit Knopfleiste

SCHNITTMUSTERBOGEN 8

- Jogging-Pants hinteres Hosenteil
- Jogging-Pants Bund
- Jogging-Pants Saumbündchen
- Sweat-Rock Vorderrock
- Sweat-Rock Hinterrock
- Sweat-Rock Bauchtasche
- Sweat-Rock Bund
- Sweat-Rock Eingriffsstreifen

Danksagung

Mein größter Dank gilt meiner Familie! Sie hat mich von der ersten Minute an dazu ermuntert und mich ermutigt, dieses Buch zu schreiben. Sie haben keine Minute daran gezweifelt, dass ich das nicht schaffen könnte. Ihr habt alle meine Launen ertragen. Egal, ob himmelhoch jauchzend oder zu Tode betrübt, wenn ich wieder dachte, ich werde dem allen nicht gerecht! Dafür liebe ich euch!

Mein Schatz, auch wenn ich das Vorwort nun doch allein geschafft habe, liebe ich dich dafür, dass du dir zig Nähbücher durchgelesen hast um mir dabei helfen zu wollen. Zusammen schaffen wir alles! Das hast du mir, wie schon so oft, damit gezeigt <3

Es war nicht immer leicht für mich, den Spagat zwischen dem „laufenden" Ki-ba-doo-Geschäft und dem Buchprojekt zu schaffen. Vieles bleibt natürlich auf der Strecke! So danke ich meiner Familie, dass sie die eine oder andere Tiefkühlpizza ertragen haben, die Wäsche selber zusammengelegt haben und mir oft den Rücken frei gehalten haben.

Ich danke besonders meinen Eltern, die mir immer zur Seite gestanden haben und mich unterstützt haben wo sie nur konnten. Ohne euch hätte ich die letzten Monate nicht geschafft. Zudem habe ich euch meine Liebe fürs Nähen zu verdanken, indem ihr mich schon als kleines Mädchen einfach habt machen lassen. Ihr seid die tollsten Eltern, die es gibt!

Liebe Saskia, du hast mich mit deiner wunderbaren Art davon überzeugt, dieses Projekt zu wagen, obwohl du wusstest, dass ich eigentlich NIE ein Buch schreiben wollte! Ich danke dir, dass du mich immer wieder aufs Neue motiviert hast, auch wenn ich oft Zweifel hatte!
Die Zusammenarbeit mit dir als Lektorin ist einfach ganz großartig!

Ich danke meiner fantastischen Grafikerin für die bekannten Ki-ba-doo-Skizzen im Buch und ebenso natürlich meinem Schnittbüro für die tolle und zuverlässige Zusammenarbeit über viele Jahre hinweg!

Ich danke dem EMF Verlag, dass sie mich als Autorin ins Boot geholt haben und mir ihr Vertrauen geschenkt haben.

Um die Projekte im Buch bestreiten zu können, wurde ich von den Firmen

- Alles für Selbermacher
- Albstoffe
- Stoff & Stil
- Buttinette
- Snaply Nähkram

mit ganz wunderschönen Stoffen und Nähzubehör versorgt! Vielen Dank!

Über die Autorin

Claudia Holtgrefe alias Frau Liebstes alias Ki-ba-doo wurde 1975 im schönen westfälischen Bünde in eine Textiler-Familie geboren. Schon von klein auf hat sie sich an der Nähmaschine und dem kreativen Umgang mit Stoffen geübt, dann aber einen „echten Beruf" gelernt. Heute lebt sie zusammen mit ihrem Sohn, ihrer Tochter und ihrem Mann im niedersächsischen Melle.

Ihre Leidenschaft zum Nähen entdeckte Claudia erst wieder mit der Geburt ihrer Tochter, ihrem zweiten Kind. Aus dem Wunsch die Babyausstattung komplett selbst zu gestalten, entstand 2008 ein Blog. Bald schon verlangten ihre Leser nach einem Ebook, diesem folgten schließlich viele weitere.

Inzwischen hat sich Claudia mit ihren selbsterstellten Schnittmustern für Kinder-, Damen- und Herrenbekleidung ein kleines Schnittmusterimperium geschaffen. Als Ki-ba-doo begeistert sie nun mit über 150 Ebooks und etwa 80 Papierschnittmustern über 50.000 Nähbegeisterte in den Sozialen Netzwerken.

Schaut doch mal auf Facebook (kibadoo) oder Instagram (@frauliebstes) vorbei, um euch viele schöne Inspirationen für eure neuen Nähprojekte zu holen.

Nähglossar

A

ABNÄHER
Keilförmige Naht, mit der einem Kleidungsstück Form gegeben wird bzw. der Stoff den Rundungen des Körpers angepasst wird.

ABSTEPPEN
Eine Naht oder Kante wird abgesteppt, um diese zu stabilisieren oder zu verzieren. Dabei wird meist schmalkantig gesteppt, d. h. das Nähfüßchen läuft ca. 2 mm neben der Naht oder Kante. Üblich ist eine Reihe von Geradstichen, die in kontrastfarbigem Garn (Knopfloch-, Ziersteppgarn) mit Zwillings- oder Drillingsnadeln ausgeführt noch effektvoller gestaltet werden können.

ANPUNKTEN
Mit ein paar Handstichen fixieren.

ARMAUSSCHNITT
Öffnung im Kleidungsstück für den Arm bzw. Ansatzkante für eventuell einzusetzende Ärmel.

ÄRMELBRETT
Spezielles vergleichsweise kleines und schmales Bügelbrett zum Bügeln von Ärmeln und anderen kleineren Stoffteilen.

ARMKUGEL
Gerundeter Teil am oberen Ende des Ärmels, der gemäß den Markierungen in die obere Schulterpartie eines Kleidungsstücks eingesetzt wird.

B

BELEG (AUCH: BESATZ)
Meist aus Oberstoff genähtes, jedoch im Inneren des Kleidungsstücks liegendes Teil, das dem Versäubern bzw. zum Verstürzen von Kanten und Ausschnitten dient. An geraden Kanten kann der Beleg angeschnitten sein, an runden Öffnungen liegt er meist als extra Schnittteil bei oder muss aus dem Hauptschnittteil herauskopiert werden. Um eine bessere Formstabilität an den zu verstürzenden Kanten zu erzielen, wird der Beleg meist mit einer Einlage (Klebevlies) verstärkt und erst dann an den Oberstoff gesteppt.

BÜGELKISSEN
Eifömiges Kissen zum Bügeln gewölbter Nähte wie z. B. bei Kragen oder Teilungsnähten.

BÜGELN
Das Bügeln ist ein wichtiger, immer wieder auszuführender Bestandteil des Nähens. Der Stoff sollte zunächst vor dem Zuschneiden gebügelt werden, damit er faltenfrei auf der Arbeitsfläche ausgebreitet werden kann. Außerdem sollte jede genähte Naht von links auseinandergebügelt werden. Die Bügeltemperatur richtet sich nach dem Material. Wollstoffe, synthetische Stoffe oder Stoffe mit Elasthananteil sollten beim Bügeln immer mit einem feuchten Tuch geschützt werden. Leinen und Baumwolle können sehr heiß gebügelt werden, Seide bei mittlerer Temperatur.

BÜGELVLIES
Vlies, das zwischen zwei Stofflagen gelegt wird und durch heißes Bügeln diese miteinander verklebt bzw. verbindet.

BUND
Abschluss u. a. am unteren Ende von Ärmeln. Bei Hosen, Jacken oder Pullovern sitzt er meistens in der Taille oder in der Hüfte. Es gibt verschiedene Techniken, Bündchen zu nähen (z. B Gummibund, gerader Bund mit Übertritt etc.).

C

COVERLOCK-NÄHMASCHINE
Spezielle Nähmaschine zum Söumen, die in einem Arbeitsgang verkettelt und steppt. Anders als bei der Overlock-Nähmaschine beschneidet sie den Stoff nicht, weshalb Nähte auch als Ziernähte inmitten des Projekts eingenäht werden können.

D

DURCHPAUSEN
Methode zum Kopieren eines Schnittmusters aus einem Schnittbogen mit mehreren Schnitten (meist in Zeitschriften). Man bügelt zunächst den Schnittbogen glatt, legt dann Seidenpapier darüber und zeichnet die einzelnen Konturen der Schnittteile mit einem dünnen Stift nach. Dabei müssen auch alle Einsatzzeichen und alle weiteren Markierungen mit übertragen werden.

DURCHRADELN
Methode zum Kopieren eines Schnittmusters aus einem Schnittbogen mit mehreren Schnitten. Man legt dazu Papier (Kopierpapier) unter den Schnittbogen und radelt die Konturen der Schnittteile und alle Markierungen durch.

DURCHZIEHNADEL
Dicke Nadel mit stumpfem Ende und großem Öhr, die zum Durchziehen von Kordeln oder Gummibändern durch Tunnelzüge hilfreich ist.

E

EINFASSEN
Methode zum Versäubern oder/und Verstärken von Säumen und Kanten. Dabei wird ein Band oder ein Schrägstreifen bündig über den Saum oder die Kante gesetzt. Man kann eigens dafür im Fachhandel erhältliche Bänder oder zugeschnittene Stoffstreifen verwenden.

EINHALTEN
Ähnlich wie das Dehnen ist das Einhalten eine Methode, die beim Zusammensetzen zweier unterschiedlich langer Stofflagen die Überlänge des einen so verteilt, dass sich dieser wölbt, aber nicht kräuselt oder Falten wirft (v.a. bei Armkugeln und Ellbogen). Um diesen Effekt zu erzielen, zieht man neben der Nahtlinie gemäß den auf dem Schnittbogen eingezeichneten Markierungen einen Hilfsfaden ein, den man dann auf die gewünschte Weite zieht.

EINLAGE
In verschiedenen Stärken und Qualitäten erhältliche Materialien, die zwischen Oberstoff und Beleg gefasst werden, um dem Kleidungsstück (z. B. am Kragen, Bündchen, Manschetten) mehr Festigkeit und Formstabilität zu geben.

EINREIHEN (EINKRÄUSELN)
Beim Einreihen wird mit großen Stichen rechts und links von der Nahtlinie gesteppt, das Ende nicht vernäht und dann so an dem überstehenden Unterfaden gezogen, dass sich die Stoffbahn rafft. Bevor das so eingekräuselte Stoffteil an ein anderes genäht wird, müssen die Kräusel gleichmäßig verteilt werden.

EINSCHNITT
An Spitzen und Rundungen werden die Nahtzugaben keilförmig eingeschnitten, damit sich die Nähte dem Körper besser anpassen. Mit kleinen Einschnitten in die Nahtzugaben können auch Markierungen vom Schnittmuster auf die Stoffbahnen übertragen werden.

F

FADENLAUF
Der Fadenlauf markiert die Richtung, in die Schuss- und Kettfäden bei gewebten Stoffen laufen. Der Kettfaden ist der in Längsrichtung laufende, der Schussfaden der in Querrichtung laufende Faden. Der Fadenlauf wird auf dem Schnittbogen meist mit einem Pfeil gekennzeichnet und zeigt an, in welcher Richtung das Schnittteil auf den Stoff gelegt werden muss.

FADENSPANNUNG
Damit Ober- und Unterfaden gleichmäßig über den Stoff gezogen werden, lässt sich bei jeder Nähmaschine die Oberfadenspannung regulieren.

FALTE
Falten werden zum Einhalten von Stoffweite gelegt, sind jedoch in erster Linie ein kleidungsgestaltendes Element. Es gibt mehrere Möglichkeiten, Falten einzuarbeiten (z. B. eingesteppt oder offen gelegt), so wie es verschiedene Falten-Typen gibt

FUTTER
Zweite, nach innen liegende Stofflage, die alle Nähte und Einlagen verdeckt. Ein Futter verbessert außerdem die Trageeigenschaften des Kleidungsstücks und dient der zusätzlichen Isolierung.

G

GARNROLLENHALTER
Dorn auf der Nähmaschine, auf den die Garnrolle gesetzt wird und von dem es dann durch die Führungshaken zur Nadel gezogen wird.

GESTEPPTER SAUM
Bei einem gesteppten Saum wird die Saumzugabe nach innen umgebügelt, die Schnittkante schmal nach innen umgeschlagen. Die Bruchkante wird schmal abgesteppt.

H

HALSABSCHLUSS
Kante am Halsausschnitt eines Kleidungsstücks. Sie kann z. B. eingefasst, mit einem Beleg oder einem Schlitz verarbeitet werden.

HANDSTICHE
Mit der Hand genähte Stiche.

HEFTEN
Beim Heften werden einzelne Schnittteile mit großen Hand- oder Maschinenstichen provisorisch zusammengesetzt, um zu setzende Nähte vorab zu prüfen.

HINTERE MITTE (HM)
Mit der hinteren Mitte wird auf Schnittmustern die Mittellinie des Rückenteils eines Kleidungsstücks gekennzeichnet.

K

KNOPF
Meistgebrauchte, langlebige Verschlussart von Kleidungsstücken. Knöpfe sind oft Ausdrucksmittel von Mode und

werden auch als reine Zierde aufgenäht. Knöpfe sind in vielen verschiedenen Formen und aus unterschiedlichen Materialien wie z. B. Porzellan, Holz, Steinnuss, Leder, Horn, Metall, Perlmutt oder Kunststoff erhältlich.

KNOPFLOCH
: Öffnung, durch die der Knopf gezogen wird. Das Knopfloch wird normalerweise mit der Maschine mit feinen Zickzackstichen genäht. Viele Nähmaschinen arbeiten schon mit einer Knopflochautomatik, über die sich genau die Größe und Form des Knopflochs einprogrammieren lässt.

KOPIEREN
: Methode zum Übertragen von auf dem Schnittmuster eingezeichneten Markierungen auf den Stoff. Dafür wird das im Fachhandel erhältliche Kopierpapier unter den Stoff gelegt und mithilfe des Kopierrädchens werden die Linien auf den Stoff durchgedrückt bzw. „kopiert".

KOPIERRÄDCHEN
: Hilfsmittel zum Kopieren von Markierungen auf den Stoff.

KRAGEN
: Halsabschluss an Kleidungsstücken. Es gibt verschiedene Kragenformen wie z. B. Reverskragen, Stehkragen, Rollkragen, Blendenkragen, Trichterkragen u. v. m.

KRÄUSELN
: Für z. B. Rüschen werden zwei Reihen lockere Geradstiche dicht nebeneinander auf den Stoff gesteppt und am Ende nicht vernäht. Durch das Ziehen am Unterfaden wird die Mehrweite des Stoffs eingekräuselt, sodass der Stoff in Rüschen fällt.

KREIDESTIFT
: Stift zum Übertragen von Linien und Bezeichnungen auf den Stoff. Mit einer Bürste ist die Kreide aus dem Stoff leicht zu entfernen.

KURVENLINEAL
: Speziell geformtes Lineal, mit dem verschiedene Rundungen gezeichnet werden können. Es wird in erster Linie zur Schnittkonstruktion oder zum Abändern von Schnitten verwendet.

KURZWAREN
: Sammelbegriff für alle Zutaten (außer Stoff), die zum Nähen benötigt werden, wie z. B. Garne, Verschlüsse, Bänder, dekorative Elemente usw.

l

LINKE STOFFSEITE
: Mit der linken Stoffseite bezeichnet man immer die Seite des Stoffs, die bei einem Kleidungsstück innen liegen soll. Auf die linke Stoffseite werden auch alle Markierungen des Schnittmusters übertragen.

m

MASCHINEN-HEFTEN
: Stoffteile werden mit großen Steppstichen mit der Nähmaschine provisorisch zusammengenäht.

MASCHINENSTICHE
: Je nach Nähmaschine können verschiedene Stiche eingestellt werden. Die üblichsten, sind der Stepp- oder Geradstich, der Zickzackstich zum Versäubern der einzelnen Schnittteile, der Elastikstich und der Blindstich, mit dem Säume unsichtbar genäht werden können.

MEHRGRÖSSEN-SCHNITT
: Schnittbogen, auf dem ein Modell in verschiedenen Größen angegeben ist. Die Größen werden meist durch unterschiedliche Linien oder Farben gekennzeichnet und müssen entsprechend der gewünschten Größe ausgeschnitten oder aus dem Schnittbogen herauskopiert werden.

n

NÄHFÜSSCHEN
: Teil der Nähmaschine, das den Stoff hält und weiterführt. Es gibt verschiedene Füßchen, die je nach Naht ausgetauscht werden können (z. B. Blindstichfuß, Knopflochfuß, Reißverschlussfuß usw.).

NAHTSCHATTEN
: Im Nahtschatten werden oft Belege oder Bundteile fixiert. Dafür wird genau in der vorhergehenden Ansatznaht z. B. ein Beleg oder Innenbund festgesteppt.

NAHTZUGABE
: Die Nahtzugabe ist der Abstand zwischen der Nahtlinie und der Schnittkante. Sie beläuft sich meistens auf 1 cm, an Säumen wird meist eine Nahtzugabe von ca. 3 cm dazugegeben. Die Nahtzugabe ist entweder auf dem Schnittmuster eingezeichnet oder muss beim Zuschneiden noch dazugegeben werden.

o

OVERLOCK-MASCHINE
: Spezielle Nähmaschine, die in einem Arbeitsgang versäubert, steppt und beschneidet.

p

PASSE
: Hals- und Schulterschnitteil an Kleidungsstücken

R

RAFFEN
Der Stoff wird in kleine Fältchen gelegt und festgesteppt.

RECHTE STOFFSEITE
Die rechte Stoffseite ist die außen liegende und, falls vorhanden, die mit der Musterung versehene.

REISSVERSCHLUSS
Verschluss, den es in verschiedenen Größen, Materialien (Kunststoff, Metall) und Ausführungen gibt (teilbar, verdeckt, Nahtreißverschluss etc.). Durch das Aneinanderfügen von kleinen Zähnchen mithilfe einer Schiene schließt er Stoffkanten.

REISSVERSCHLUSSFUSS
Besonderer Nähfuß, der das Einnähen von Reißverschlüssen erleichtert.

RIEGEL
Kleine, eng genähte Reihe von Zickzackstichen, die an besonders beanspruchte Stellen eines Kleidungsstücks genäht wird.

RÜSCHE
Gekräuseltes Stoffteil, das als Zierde an Kleidungsstücke genäht wird. Eine Rüsche wird je nach Bedarf unterschiedlich breit gearbeitet.

S

SAUM
Der Saum ist die versäuberte Unterkante eines Kleidungsstücks. Je nach Stoffart wird der Saum unterschiedlich genäht (z. B. Rollsaum, gesteppter Saum, hohl genähter Saum, runder Saum usw.).

SAUMFIX
Beidseitig klebendes Haftvlies.

SAUMLINIE
An der Saumlinie wird die Saumzugabe nach innen umgeschlagen. Die Saumlinie ist demnach die Unterkante des Kleidungsstücks.

SAUMZUGABE
Abstand zwischen Saumlinie und Schnittkante an der Unterkante eines Kleidungsstücks.

SCHAFT
Kleiner Steg zwischen Knopf und Stoff, der entweder schon am Knopf angebracht ist oder selbst aus Garn hergestellt werden kann. Vor allem bei dickeren Stoffen lassen sich damit Knöpfe besser annähen. Ein Eindrücken in den Stoff wird somit verhindert.

SCHERE
Hilfsmittel zum Zuschneiden der Stoffe. Eine große, scharfe Schere ist beim Nähen unerlässlich. Außerdem ist eine Papierschere zum Ausschneiden der Schnittmuster notwendig sowie eine kleine, sehr scharfe Schere zum Aufschneiden von z. B. Knopflöchern (hier eignet sich noch besser ein Trennmesser). Zum Zuschneiden von wenig ausfransenden Stoffen oder Futterstoffen eignet sich besonders gut eine Zackenschere, da so zugeschnitten die Stoffteile nicht versäubert werden müssen.

SCHLITZBLENDE
Stoffstreifen zum Einfassen eines Schlitzes.

SCHNEIDEMATTE
Matte aus flexiblem Kunststoff mit aufgezeichnetem Raster. Sie schützt zum einen die Arbeitsfläche und hilft auf der anderen Seite beim Ausmessen von Schnittteilen.

SCHNEIDER-KOPIERPAPIER
Im Fachhandel erhältliches Kopierpapier, mit dem Markierungen des Schnittmusters einfach auf den Stoff zu übertragen sind. Die mithilfe eines Kopierrädchens kopierten Anleitungen sind zwar während des Nähvorgangs haltbar, dennoch mit Wasser leicht aus den Textilien zu entfernen.

SCHNEIDERKREIDE
Kreidestück zum Ein- oder Nachzeichnen von Markierungen auf den Stoffteilen. Sie ist leicht auszubürsten.

SCHNEIDERPUPPE
Lebensgroße Figur, die der Körpersilhouette entsprechend geformt ist und zur Anprobe von Kleidungsstücken verwendet wird. Schneiderpuppen gibt es in festen Größen oder auch als verstellbare Modelle.

SCHNITTKANTE
Ganz außen liegende Kante eines Schnittteils.

SCHNITTKONTUR
Linie auf einem Schnittmuster, die als Orientierung für den Zuschnitt dient. Oft muss die eingezeichnete Linie noch um die Nahtzugabe erweitert werden. Wenn die Nahtzugabe dem Schnittmuster schon beigegeben ist, ist dies meist im Schnitt vermerkt.

SCHNITTTEILE
Ein Schnittmuster besteht aus verschiedenen Schnittteilen, die – aus Stoff zugeschnitten und dann zusammengesetzt – das Kleidungsstück ergeben.

SCHRÄGBAND (SCHRÄGSTREIFEN)
Im Fachhandel erhältliches, schräg zugeschnittenes Band, das zum Einfassen von Kanten verwendet wird.

SPULE
Rolle zum Aufwickeln des Unterfadens, die dann in das Gehäuse der Nähmaschine gesetzt wird.

STEPPEN
Gerade nähen.

STEPPFUSS
Nähfuß, der zum Steppen (Aneinandernähen) von Stoffteilen verwendet wird.

STOFFBRUCH
Umbruchlinie (Faltkante) des Stoffs. Soll ein Schnittteil im (Stoff-)Bruch zugeschnitten werden, muss das Schnittmuster exakt an die Bruchlinie des Stoffs angelegt werden.

STOFFVERBRAUCH
Kalkulierte Menge an Stoff, die zum Nähen eines Projekts benötigt wird. Der Stoffverbrauch richtet sich nach der gewählten Größe, in der das Projekt genäht werden soll, und immer nach dem angegebenen Material. Sollte man den Schnitt in einer anderen Stoffqualität nähen wollen, empfiehlt es sich, beim Fachpersonal nachzufragen.

T

TASCHENBEUTEL
Der im Inneren eines Kleidungsstücks liegende Teil einer Tasche, der an den Eingriff genäht wird.

TEXTILSTIFT
Eine Art Filzstift, mit dem Markierungen auf den Stoff übertragen werden können. Die Einzeichnungen sind meist auswaschbar oder verschwinden nach einiger Zeit von selbst.

TRENNMESSER
Kleines, scharfkantiges Hilfsmittel zum leichten Auftrennen von Nähten oder Aufschneiden von kleinen, schmalen Schlitzen.

TUNNEL
Doppelt liegender, abgesteppter Bereich zum Durchziehen einer Kordel oder eines Gummibands (z. B. in der Taille von Röcken oder Hosen).

U

ÜBERTRITT
Teil eines Kleidungsstücks, der auf einem anderen liegt.

UNTERTRITT
Stoffkante, die von einer darüberliegenden verdeckt wird.

V

VERSÄUBERN
Erster Schritt nach dem Zuschneiden der einzelnen Stoffteile. Dabei werden diese mit einem groß eingestellten Zickzackstich direkt an der Schnittkante „umzackelt". Ein Ausfransen des Stoffs wird somit verhindert.

VERSTÜRZEN
Technik, mit der zwei Stoffkanten so zusammengenäht und gewendet werden, dass die Nahtzugaben zwischen den Kanten liegen und nicht mehr sichtbar sind.

VLIESELINE
Einlage zur Formgebung von bestimmten Teilen eines Kleidungsstücks. Vlieseline ist in verschiedenen Stärken und Farben im Fachhandel erhältlich und wird meist auf den zu verstärkenden Stoff aufgebügelt.

VORDERE MITTE
Mit der vorderen Mitte wird auf Schnittmustern die Mittellinie des Vorderteils eines Kleidungsstücks gekennzeichnet.

VORDERER BELEG
Streifen zum Versäubern der vorderen Kante eines Kleidungsstücks.

W

WEBKANTE
Seitliche Abschlusskanten des Stoffs. Können nicht ausfransen.

WENDEN
Technik zum Nähen von Ecken. Die Nadel wird im Eckpunkt eingestochen, dann wird der Nähfuß angehoben, der Stoff in die gewünschte Position gebracht, das Füßchen wieder gesenkt und weitergenäht.

Z

ZACKENSCHERE
Schere mit gezackten Klingen, die sich gut zum Zuschneiden von nur wenig ausfransenden Stoffen eignet.

Noch mehr tolle Bücher

ALLES JERSEY
Wohfühlkleidung nähen:
Alle Modelle von S bis XXXL

144 Seiten, 20 x 23,5 cm
Mit Schnittmusterbogen

ALLES JERSEY – SHIRTS UND TOPS
Schnittteile kombinieren –
Über 500 Oberteile nähen

144 Seiten, 20 x 23,5 cm
Mit Schnittmusterbogen

ALLES JERSEY – BODYWEAR
BHs, Slips, Tops und vieles
mehr nähen

80 Seiten, 20 x 23,5 cm
Mit Schnittmusterbogen

ALLES JERSEY - BABYS & KIDS: KINDERKLEIDUNG NÄHEN
Wohfühlkleidung nähen:
Alle Modelle von S bis XXXL

144 Seiten, 20 x 23,5 cm
Mit Schnittmusterbogen

ALLES JERSEY – COOL KIDS: KINDERKLEIDUNG NÄHEN
Alle Modelle in Größe 98–164

144 Seiten, 20 x 23,5 cm
Mit 4 Schnittmusterbogen

I LOVE JERSEY – NÄHEN MIT 1 METER STOFF
Kleidung, Accessoires und mehr

96 Seiten, 20 x 23,5 cm
Mit Schnittmusterbogen

Impressum

Bibliografische Information der Deutschen Bibliothek.

Die Deutsche Bibliothek verzeichnet diese Publikation in der deutschen Nationalbibliografie. Detaillierte bibliografische Daten sind im Internet über http://www.dnb.de/ abrufbar.

EIN BUCH DER EDITION MICHAEL FISCHER

1. Auflage 2017

Covergestaltung, Layout und Satz: Bernadett Linseisen
Bilder: Katja Schubert SHOT Fotografie, München,
Overlock-Bilder auf S. 17–19: Yvonne Jahnke, S. 20:
brother, S. 22: Solomiya Malovana/Shutterstock,
Grafiken auf S. 24–26: Stefanie Brugger
Lektorat: Gisela Witt, München
Produktmanagement: Saskia Wedhorn

ISBN 978-3-86355-762-1

Printed in Slovakia

www.emf-verlag.de